武村正義の知事力

関根英爾
［ジャーナリスト］

サンライズ出版

はじめに

かつて「おもしろい、やんちゃな知事」と呼ばれた人がいる。その人は滋賀県知事を務めた武村正義氏である。

武村氏は一九七四年一一月の滋賀県知事選で、野党四党と労働四団体に推されて立候補し、三選を目指した現職（自民党推薦）を僅差で破り当選した。保守色の強い政治土壌で、当時、全国で八人目の「革新知事」、四〇歳で全国最年少知事（当時）となった。

以来三期一一年半。「県民党」、「草の根県政」を掲げ、チャレンジ精神とたぐいまれなリーダーシップで滋賀県政のカジをとった。

時代は高度成長に陰りが見え、大きな転換期にさしかかっていた。ことさら中央とコトを構えることはなく、自治官僚出身らしく、中央と地方の枠組みをベースに、新しい発想と緻密な戦略、大胆な行動力で滋賀県政を改革、自治体を革新した。そして滋賀県の姿を、滋賀の政治風景もがらりと変えたのだ。

県政運営にあたっては、常に県民世論やマスコミの動向に目を配りながら問題の解決、政策展開の道筋を県民に示し、自ら判断して決定し、自ら責任をとる姿勢を明確にしていた。前県政の残した「土地転がし事件」などの難問を解決に導き、赤潮発生などで汚染がひどい「母なる湖」をよみがえらせるために、窒素、リンを全国で初めて規制する琵琶湖富栄養化防止条例を制定するなど次々と地方行政に新風を吹き込んでいった。

それは地域の歴史と文化に思いを寄せながら、どこまでも琵琶湖に代表される「滋賀の個性」を追い求める「自治への挑戦」だったといっていい。

地方の時代と言われて久しい。一九九〇年代から動き出した地方分権改革は、いまだ道半ばである。近年、独自の政策や政治手法で地域を引っ張る改革派知事、あるいは行動派知事が目立っている。なかには中央との対決姿勢を鮮明にして、「闘う知事」、「モノ申す元気な知事」も少なくない。テレビ政治のチャンピオンといいたい知事もいるし、中身を伴わないパフォーマンスの得意な知事もいる。

全国四七都道府県の顔である知事はそれぞれ有権者に直接選ばれた人だ。都道府県庁を統括し、代表する。地方行政のトップであり、政治家だ。大勢の職員をたばね、巨額の予算や独自の条例をつくり、政策を執行する権能を持っている。税財源、権限で地方をしばる明治以来の中央集権体制のくびきは解かなければならないが、それでも自治の芽をはぐくむ裁量をいかんなく発揮し、発信する意欲的で指導力のある知事こそが日本を変えていくだろう。

武村氏が自ら「もっともやり甲斐のあったのは、国会議員時代よりも滋賀県知事のとき」と顧みる武村県政時代。その県政を特色づけた「知事選」、「財政再建」、「土地転がし事件」、「琵琶湖」、「草の根・文化」の五つのキーワードを切り口に、武村氏にインタビューし、知事とは何か、知事の役割と責任、地方自治体の首長の存在に迫った。

その意味でいえば、本書は武村正義氏の「知事力」である。

この書によって「ほんものの知事」とは、どんな人物なのかが理解いただければありがたい。そして与えられた難題や迫りくる緊急の事態にどう向き合っていったのか。さまざまな人間関係や政治情勢のなかで、問題をどう解決していったのか。ここでは知事という重い職責を担うひとりの人物の直観力と総合的な判断力、そして果敢な決断力などが生々しく語られている。まさに地方政治を舞台にした武村正義氏の人間物語でもある。

本書が真に日本の政治や自治を考える貴重な教材となり、幅広い窓となれば幸いである。

出版に際しサンライズ出版の矢島潤氏に大変お世話になった。取材にご協力いただいた皆さんと、写真提供などで協力をあおいだ京都新聞社に、心から感謝したい。

関根英爾

目次

第一章　すさまじい権力の争奪戦―滋賀県知事選

　滋賀県知事選は一九七四年一一月一七日投開票された。県政史上初の保革激突型選挙となり、社会、共産、公明、民社四党と労働四団体の推す新人の武村正義氏（四〇）＝前八日市市長＝が、三選を目指す自民党推薦で現職の野崎欣一郎氏（五五）を大接戦の末、約八〇〇〇票の僅差で破り、初当選した。全国でも珍しい野党四党・労働四団体の共闘組織をバックに、かつて保守王国と呼ばれた湖国に革新知事が誕生した。全国で京都、東京、大阪、沖縄、埼玉、岡山、香川に次いで八番目。しかも全国最年少の知事就任となった。

「不正」と「正義」との戦い

滋賀県知事選は、どこの自治体でも四年に一度はめぐってくる首長選挙でした。ところが、普段は静かな湖の国で前代未聞のすさまじい戦いが始まったのです。

戦ったのは二人の男。五五歳の野崎欣一郎氏と四〇歳の武村正義。二期目を終える現職の知事と小さな八日市市（現東近江市）の市長一期目の新人との対決となりました。

野崎陣営には県庁という巨大な権力機構とその強い影響下にある多くの市町村、二〇〇を超える県行政に関係の深い各種の業界や団体がついた。武村陣営には県庁という権力機構の影響を受けない団体や個人が集まった。その中心勢力が滋賀労働四団体。

選挙は形のうえでも実質的にも「互角の戦い」と報じられた。そのことが県民の選挙戦に対する関心を高めていくことになりました。有権者にとってはマスコミの報道にかなり大きな影響を受けるものです。もちろんポスターやビラ、まちのうわさや街頭で目撃する選挙風景などもじわじわと知事選挙への意識を高めていくことになりました。

それでも滋賀県民の多くは、現職がよいか、新人がよいかから始まって、右か左か、保守か革新か、開発か保全か、さらにはテレビやポスターで見る人物の印象などで投票の判断をすることになっていったと思います。選挙の内幕は分からないし、県政の体質に不合理な要素が入り込んでいるかどうかなどは知るよしもないことでした。しかし、選挙が終わって一、二年たつと、選挙の生々しい背景や県政中枢の黒くゆがんだ実態が明るみにさらされたのです。いわば、あの知事選挙の本質が露呈したともいえるでしょう。

激しい選挙戦が終わって、まず社会党と上田建設とのカネをめぐるうわさが現実のものとなった。社会党滋賀県本部の幹部は、あきれるほど「上田のカネ」で支配されていた。また滋賀県庁の中枢には刑事事件の手が伸びていった。県土地開発公社の元副理事長だった井上良平県会議員が逮捕、起訴された。当の上田建設の上田茂男社長、さらに同公社理事長だった河内義明元副知事も起訴されていった。

私の対抗馬であった野崎前知事は選挙の直後、病気で死亡されていたが、事件を担当した大津地検の竿山重良検事正は新聞記者の「野崎知事はどうでしたか」という質問に対して「真っクロだ」と答えています。

知事選挙は、体制側と反体制側の終始すさまじい権力の争奪戦でしたが、後から振り返ると、いささかおこがましい言い方ですが、「不正」と「正義」との戦いでもあったのです。

私は「見えざる手」によって出馬を決意し、「見えざる手」によって辛くも勝たしていただいた。歴史によって裁かれた選挙であったかもしれないし、私は幸運にも「見えざる手」によって知事の座についたように思います。

自治省のキャリア官僚だった武村氏は、一九七一年四月、ふるさとである人口約三万の小さな都市・八日市市の市長選に立候補した。現職市長の後継者である前市助役の木村丈夫氏との新人対決を制し、当選した。武村氏は九八〇二票、木村氏は八〇一八票で、約一七〇〇票差の勝利。「手づくりのまちづくり、自分の理想とするまちづくりをやりたい」と、役人生活から転身した武村市長は三六歳の若さ。「小さくても個性あるまちづくり」を次々に展開し、県内にとどまらず、全国的にも注目を集める。

野崎県政に違和感覚える

そもそも、なぜ私が知事選の候補になったのか。その前に、野崎知事と私との関係から話をしますと、内務省には年度ごとに採用したキャリアの名簿があります。戦後は自治省（現総務省）の名簿に変わりますが、そこに野崎欣一郎さんが載っている。野崎さんは旧内務省の一九四三年採用じゃなかったかな。内務省の後を継いだのは自治省ですから、その意味で私の先輩に当たります。私が八日市市に帰って市長選に出る時、知事に野崎さんという内務省の先輩がおられることを知りました。どんな人物かは知らないが、役所の先輩・後輩ということで、それなりの親近感を持っていました。

確か市長選に出る前もあいさつに行きました。もちろん八日市市長に当選してからも年に三回くらいは市政の報告もあるし、連絡とか、お願いもありますので、知事室に行きました。申し込んだら普通に会っていただいた。知事公舎での正月恒例のお祝いの会（三日間）にも毎年欠かさず足を運びました。それ以外にも側近に誘われてか、野崎さんがよく出入りする京都のお茶屋に引っ張り込まれたことがあります。南禅寺の「辰馬」だったかな。そこへも三回ほど八日市市長として行きました。そうした付き合いは、ほかの市長以上にむしろきちっとやっていました。

だけど、野崎さんは無口というか寡黙な人で、知事室に入って「こんにちは」と言っても、「こんにちは」とは言わない。「うん」という具合かな。ちょっと小沢一郎さんと似たところがある。こっちはしゃべりっぱなしで、向こうは聞きっぱなしという感じ。頭のいい人だから中身は分かっていて、聞いておられるのでしょう。でも反応を示さない。小沢さんの方がまだましで、「これは、どうですか」と聞くと、「いいよ、賛成」、あるいは「それはどうかね」と、はっきり言います。野崎さんは「こういうことをやりたいと思っています」と言っても、いいとも悪いとも言わない。全部聞き置くというか、聞き流している感じ。お世辞も言わないし、質問もしない。ほかの人にもそうらしい。私だけではないことがわかったので、あまり不満に思わないでいました。

野崎知事と私の関係は、そんな風でした。率直に言って初期のころは、よくもなく、悪くもない。普通の知事と市長という公的・私的な関係が保たれていたと思います。ところが、県の八日市への対応に「あれっ」と思うようなことが起きてくる。例えば補助金。「なんで、すっと決めてくれないのか」とか、八日市の会合に「どうして知事は出てくれないのだろう」、「なぜ部長ではなく課長が出てくるのか」とか。

とくに市長になって二、三年たつと、県政に対して違和感を覚えることがチラチラ起きてきた。「おかしいなあ」と思っているところに、市長就任三年目、一九七四年の八月ですが、八日市市の「市制二〇周年記念式典」を開催しました。どこの市も「二〇周年」は盛大にやる。そこには、たいてい知事が出席されている。なのに、八日市の式典にはこないで、出納長（知事代理）を寄こしてきました。これなんかは、相当パチッと違和感を持った。八日市に対する県の「異常な扱い」を感じる大きな事柄でした。

こんなこともありました。一九七三年一二月に八日市で県農協中央会の定期大会が開かれた。県農協の行事ですが、地元市長のあいさつが恒例になっている。ところが、呼ばれはしたものの、「あいさつはいらない」と断られました。野崎知事は出席されていて、あいさつが終わるとさっさと帰られた。県と中央会の間で「地元市長にあいさつはさせない」ことが決まっていたようです。

都市計画や河川改修など国の補助金を県経由で建設省（現国土交通省）などに申請しても、県で止められていることがありました。市役所の課長や部長が私のところに訴えることも二度、三度。結局、県庁全体が八日市にいじわるしている、そんな異常な気配が随所に感じられ始め、市役所の中でも「県はおかしい」と、だんだん騒ぎが大きくなっていくのです。

「市長で終わる男じゃない」

どこの知事選でも、現職に立ち向かってくるような男は、なかなか存在しません。そこへ私が三六歳で小さいけれど八日市市の市長に当選した。野崎さんは「将来、武村が向かってくる」と敏感に感じ取り、警戒されたらしいと、のちに野崎県政の中枢にいた人から聞きましたね。

私の市長としてのユニークな政策といえば、市役所の移転にかかわる「森と水と屋根のあるまちづくり」や自転車都市宣言ですね。新聞にもよく報道されていましたが、初めのころは、県の横やりはなかったですね。自転車都市づくりでは、建設省が全国で初めて都市計画道路に自転車専用道路の補助金をつけてくれましたが、県の抵抗とか妨害はありませんでした。そのころは、まだ、ふわーっと見過ごしていたんじゃないかな。それが、だんだん、そうは行かなくなったとき、知事選が近づいてきたのです。

とにかく私が若くして八日市市長に当選したことが物議をかもしていたようです。宇野宗佑(元首相)さんは「武村を見ると、背中から野心の炎がメラメラと燃え上がっている」とおっしゃったことがあるようです。「武村は将来知事を狙っているんじゃないか」という人も出てくる。野崎さんは夜、酒を飲むと側近に「武村は市長で終わる男じゃない。何か野心を持っている」と話されたことがあったようです。それが県中枢に伝わり、県庁全体がなんとなく「八日市の武村市長は要注意だ」と、ややオーバーに広がっていった。それが八日市市政に対する県の「異常さ」につながっていったのでしょう。

知事選の一年前くらいから八日市に対するいじわるみたいなものが歴然としてきたものですから、私も自然と野崎県政に対する反発を強めてしまいました。知事選で新しい有力な人が立候補すれば、応援しようという気持ちにまで追い詰められていました。野党の人に会ったとき「誰かいい人を立ててくださいよ」と、話しかけたこともありましたね。「私も応援します」くらいのことは言ったと思いますよ。やんちゃというか、そのころ、もう新しい知事候補を推す腹を決めていましたからね。野崎さんはよくない、特に八日市にとってよくない。いい人が立てば真剣に応援しようと。厚生省（現厚生労働省）や大蔵省（現財務省）にいる滋賀県出身の現役官僚の名前が候補にあがっていました。

ですから、そこには自分のことは頭にありません。なぜかと言えば、私は八日市市長選に出るときから、市長は一〇年くらいがんばる。それ以上の長期政権はよくない。そのあと、国会に出たい。そう思っていました。市長選でも堂々と公言していました。「市長を立派に務め、将来は国会に出たいと思っています」と。すると「そんな野心のある男はけしからん」と、だいぶ批判を受けました。だけど「野心があるからこそ普通の人よりも仕事します」、「皆さんから評価されないと国会に出られませんから、私は人一倍がんばります」と、堂々と反論していました。市長をしっかりやる。ユニークなまちづくりを大胆に進め、一定の地方政治家としての仕事をやり遂げる。その成果を踏まえて国会に行く。そのつもりだったのです。

武村氏は一九六二年、東京大学を卒業し、自治省に入る。当時、採用試験の最終面接官のひとりが、のちに副総理を務めた後藤田正晴税務局長だった。愛知県庁勤務時代、西ドイツに留学し、都市計画や国土計画を学ぶ。帰国後、本省の官房企画室勤務のころ、自らヨーロッパ経験を踏まえて専門雑誌に書いた論文「日本列島における均衡ある発展の可能性」が、自民党の都市政策調査会長だった田中角栄氏の目にとまり、呼ばれる。これを機に田中元首相の著書『日本列島改造論』につながる自民党の「都市政策大綱」の下書きを手伝う。武村氏の田中氏とのつながりは、ここに始まる。

市長になるのが私の夢

私が自治省に入ったのは、国政以上に地方自治に関心が強かったからです。そして若いうちに地方自治の本命ともいうべき市長という政治家になる夢を持っていました。市長になることが目的でした。市長を一〇年やっても、まだ四五歳か四六歳ですから、余生は国会でまっとうしたい。

私の人生設計に知事になる選択はなかった。知事という目標が人生設計に入っていれば、当時、勤務していた埼玉県庁から八日市に帰るのではなく、本省に戻って、自治省の人事のなかで、どこかの県の副知事として行き、将来、知事選に出るという道を選択していたと思います。当時、自治省出身の知事が一〇人か一五人くらいいましたからね。野崎さんに嫌われようと、どんなに野崎さんへの反発を強めようとも、自分が知事選に出る選択はありませんでした。

その後、八日市市長が「野崎さんに反発している」、「新しい候補を応援してもいいと言っている」という話が漏れ、民社党の西田八郎前衆院議員の耳に入り、「そんなら八日市市長を立てたらどうだ」という話が出てきた。なかなか県内で知事候補になる人は出てきませんので、ただ「若い」という理由で、私が西田さんの頭の中に知事選の候補として浮かんでしまった。

知事選の候補者擁立をめぐる革新陣営の動きは、一九七三年の秋ごろから始まる。翌七四年一月の労働四団体（滋賀地評、滋賀同盟、滋賀中立労協、新産別滋賀地協）の会合で、「反自民、反野崎、革新県政樹立」の三原則に基づく野党共闘の実現を申し合わせた。そして七月七日の参院選滋賀地方区（改選数一）では、事実上、自民、社会、公明、共産、民社各党の新人同士の争いとなり、自民新人が当選したが、得票数では非自民の野党勢力が優位に立った。これを機に候補者選びが本格化。八月一五日、社会、共産、民社に公明も加えた野党四党代表が会談し、三原則に沿って共闘を組むことで一致。九月二日の社会、民社両党と労働四団体の六者会談で、民社党代表が革新統一候補として武村八日市市長を推すことを正式に提案した。

「革新県政」の知事候補に浮上

九月八日でした。労働四団体（労四）の幹部八人が八日市市役所の市長室にどかどかやってきたのです。ここで初めて労四という団体名を知りました。もちろんひそかにやってきたわけではなく、事前に時間を約束していました。当時、市役所は昔の八日市小学校の小さな講堂を使っていた。講堂がオール市役所。ですから、講堂には壇上(舞台)があって、その横にちょっと小さな控え室があるでしょ。それが市長室です。

労四の幹部八人が玄関から入ってきて、講堂のど真ん中、職員が仕事している中を通って、市長室にやってきました。暑い盛りでしたが、みんな背広にネクタイをきちっと締めて、さっそうと入ってきましたので、職員には「何事か」と異様に映ったようです。これが労四の面々に初めて会ったときでした。

地評、同盟、中立、新産別の四団体からそれぞれ代表二人がきていた。だいたい三〇代で、きびきびしていました。「自民党をどう思うか」とか、「野崎県政をどう考えているか」といった質問があったのかな。そのころ、労四内部では「武村は反自民か」、「革新性はどうか」といった議論が先行していたのでしょう。私はどう答えたのか、よく覚えていませんが、野崎県政に批判的でしたから、表現はともかく、率直に思っていることを発言したんじゃないかな。自民党についても当時「田中金脈」問題がかなり大きく浮上し、批判されていましたから、「自民党の派閥とか金権体質はよくない」くらいのことは言ったかもしれない。自分が候補になるとは思ってもいなかったので、気軽に応えていました。

「武村さんを候補に」とか、「知事選に出る気があるか」とか、そんなことはいっさい言わず、三つ四つてきぱき質問して、二〇分くらいでさっと引き上げました。質問に対する答えを聞きにきたというよりも、人物、雰囲気を観察にきたようでした。そして翌九日に民社党と労働四団体が会談し、労四は「武村氏が（候補に）ふさわしい」として、擁立へ動き始めたのです。

ところが、九月一〇日、武村氏は大津市で開かれた労働四団体の会合に出席し、「辞退させてほしい」と立候補要請を断った。「八日市市長の任期途中」が、その理由。武村氏の出馬要請受諾―立候補表明とみていた報道陣をしり目に、車で走り去った。

出馬要請辞退から一転、立候補表明

ええ、お断りしました。そのときの最大の理由は、まだ八日市市長一期目だということです。私が候補者になるとはまったく予想していなかったし、急に言われて、すぐに頭に浮かんだのは、まだ八日市市長一期目の任期も終わっていないことでした。市長になって三年半、常識からいって一期で辞めることはあり得ない。モラル、道義に反しますね。当時、八日市市政は先ほど申し上げたテーマもあって、市民感情も、武村市政に対する期待も盛り上がっていました。そこで急に辞めると言えば、市民の相当大きな反発を買うのではないか。「出たい」、「出たくない」というよりも、知事選に立候補することは許されることじゃないと考えました。そこで、早く打ち消しに行かないと県からいっそうにらまれる。こんなことが新聞記事になったらかなわないと思って断りに行ったのです。

ところが、それが翌日の新聞に出る。八日市市の武村市長が知事選の候補になっているという情報が一斉に県内に広がりました。断ってから一三日に出馬を決意するまでの三日間、市民からは「出よ」、「やめておけ」というすさまじい反応が、直接、間接的に起こりました。

新聞記事になった以上、私の名前はもう消せない。それで八日市市長として、私個人としても追い詰められた心境になっていきました。市役所の幹部も市会議員もみんなそういう気持ちになりましたね。「こうなったらもう武村さん出よ」、「出るしかないじゃないか」という声が逆にわーっと沸き起こってきたのです。「名前が出た以上、市長を続けて、二期目の当選を果たしても、まともに仕事ができないぞ」、「県からもっといじわるされる」。それなら「負けても出た方がましだ」、「勝負かけてください」。そんな声が市民から噴出しました。

そのとき、決め手になったのが、直野章さんという助役の一言でした。「市長さん、ここは出てください。出ていただくしかありません」。無口で手堅い人柄の助役さんでしたが、一番心配していただいた。その直野さんが口を開き、私の背中を押す発言をされ、とうとう私も決断することになりました。そばには総務部長ら幹部がいましたが、市役所のみんなが追い詰められ、にっちもさっちもいかなくなって、巨大な権力に立ち向かうしかない、戦うしかないという心境でした。まさにがけっぷちに立ったという感じでしょうか。そして一三日に大津市に行って、立候補を受諾する記者会見をしたのです。

武村氏は九月一三日午後一時から大津市・におの浜荘で開かれた「六者会談」の席で、再度の出馬要請を受諾、このあとの記者会見で正式に出馬表明した。この中で、武村氏は「八日市市長を任期半ばで辞めるのは非常につらい。しかし、私は県政に矛盾を感じており、これを刷新することによって市民の期待にこたえられると考える。新しい清潔な血の通った県政を樹立したい」と、複雑な胸の内を語った。最後に「自民党が支える野崎知事と対決するのだから当然『反自民』になるが、保守を含め幅広い県民を結集していきたい」と決意を述べた。

社会党は武村擁立派、反対派の対立で大混乱

この間、社会党の動きは全然知らなかった。当時、社会党に親しい人は誰もいませんでした。その後親しくなる滋賀地方労働組合評議会(以下、滋賀地評)の細谷卓爾さん、北村謙さんも、八日市市役所で初めて会ったくらいですからね。社会党の内情は新聞報道で知り、びっくりしました。私が立候補を受諾してから、社会党内部の矛盾が露出し、高橋勉書記長を知事選に出す動きが出てきました。三〇日の臨時党大会で三役の首を切るという異常な事態に発展していきました。あとで、どこかの新聞に書いてありましたが、「上田のカネ」が回っていたのです。それも、ひんぱんに。滋賀県の社会党のトップは完全に上田建設社長に飼われていたといってもいいくらいひどい状況ですね。

社会党県本部は候補者問題で迷走、混乱を重ねた。当初、「武村擁立」に一応前向きな姿勢を見せていたが、九月五日の執行委で「武村氏は『反自民』にふさわしくない」として態度を急変、地評議長の駒井徳左衛門氏の擁立を決める。だが、労働四団体の突き上げで白紙撤回に追い込まれ、党内外からは非難ごうごう。高橋書記長が辞表を提出する騒ぎに発展した。党内は武村擁立派と反対派の対立が激しくなるばかり。結局、二五日に臨時大会を開き、混乱の末、議長判断で「武村擁立」を提案、拍手で承認にこぎつけた。

社会党のゴタゴタはこれで終息せず、第二幕が開く。同夜、後藤俊男委員長ら三役が突然記者会見し「武村氏は認められない。高橋書記長を立候補させる」と発表。党本部に拒否されても「高橋擁立」方針は変えず、三役辞任を表明した。分裂の危機に直面した県本部は三〇日、再び臨時大会を開き、三役の解任と除名を決定。新三役に西村関一委員長、西堀喜祐書記長らを選出し、再出発した。

表向き「武村氏の革新性」をめぐって紛糾、混乱した社会党だが、「お家の事情」の真相が噴き出すのは、知事選後だった。

野党四党・労働四団体の八者共闘なる

社会党、民社党と労働四団体の六者が推薦してくれることを前提に出馬を決断しました。その時点では、共産党と公明党はまだ態度を決めていない中で、私は受諾し、出馬表明したわけです。そのとき「選挙に勝てるのか」と聞かれたら、「たぶん勝てない」と答えたし、そう思っていた。

では、なぜ受けたのか。追い詰められただけで受けたのかというと、それはそうなのですが、当時、野崎県政をめぐる「影の部分」について、小島外夫さん（八日市市選出の自民党県会議員）から上田建設との関係も含めかなり詳しく聞いていました。それも出馬の大きい要素です。

小島さんは誠実な人で、県政の怖いことをしゃべってくれました。知事選では小島さんは野崎さんの陣営でしたが、それでも野崎県政には批判的でした。上田社長が（知事室のある）県庁三階の廊下を着流しで、せったを履いて歩いているとか、あらゆる県の土木事業の入札に関与しているといったことも聞きました。カネの額は知りませんが、上田社長が野崎県政にかなり太くかかわっていることは、新聞記者より早く知っていました。

そのことが頭にあって、日ごろ、いじわるされたことと、無口で冷たい野崎さんのキャラクターとを重ね合わせ、これは「天のみぞ知る」ではないが、選挙に負けても、後世、なぜ武村市長があんな形で出たのか、必ず分かってもらえる。負けても出ざるを得なかったことは理解をしてもらえるという悲愴な思いが私にはありました。知事選に出る私の建前、筋道がたとえ後になってからでも分かってもらえるならいいと考えました。

「市長を辞めたら国会に出る」という当初の目標はどうするか。自民党から国会に出る道は閉ざされないか。そんな思いもなくはなかったのですが、市長を辞めて知事選に出る以上、再び市長に戻るわけにはいかない。民社党の西田さんからは「俺もいつまでもやっていない」といった話はありましたが、負けても自民党以外も含めて幅は広がり、なんとか国会への新しい道も見つけられるだろう。それくらい割りきった冷静さはありました。それでも、出馬を決断したとき、基本的には負ける可能性が強いと思っていた。公明党がつき、共産党もついてくれて、知事選の告示を迎えますが、選挙の真ん中くらいまでは勝てるか負けるかと言えば、負ける方に軍配を上げる人が多いだろう。そのくらい厳しい戦いでした。

のちの話になりますが、告示以来、選挙戦そのものの実感も、街頭の風景も容易じゃないと、肌で感じていました。それが真ん中あたりから後半にかけて、やや明るくなってきて、ひょっとしたら五分五分くらいいけるかもしれないという見方が出てきました。最初、負ける可能性が高いと思っていましたが、少し明るさが見えてきた感じでしたね。

一〇月一日、社会、民社に、「武村推薦」を決めた共産の三党と労働四団体が知事選の政策・組織・候補者協定に調印し、七者共闘が正式に成立、選挙母体となる「みんなで明るい革新県政をつくる会」を発足させた。

武村氏は記者会見で、「さわやかな気持ちだ。多くの県民が県政刷新のために統一と共闘を実現していただいてうれしい」と語ったうえで、県政に取り組む基本的な姿勢として「琵琶湖はよどんでいる。県政もよどんでいる。琵琶湖の水をきれいにし、県政にも県民の血を通わせねばならない」と、出馬の弁を述べた。

政策協定は、民主的な革新県政の樹立を中心スローガンに、六本の柱・七九項目からなる。柱は、①県民のくらしと健康をまもり、福祉をすすめる、②公害、災害をなくし、琵琶湖と自然をまもる、③労働行政を民主化し、農林漁業、中小企業をそだてる、④住民の生活環境をととのえ、住民本位の開発をすすめる、⑤教育、文化、スポーツをゆたかに発展させる、⑥県民参加、県と市町村の協調で明るい清潔な民主県政、平和な郷土づくりをすすめる―。

態度が定かでなかった公明党も翌二日、「武村推薦」を決定。八月の香川県知事選に次いで全野党共闘が成立した。滋賀県政史上初めてのことである。

協定締結で「革新」にやんわり抵抗

政策協定などを結ぶにあたって、誰か特定の人と具体的に協議を進めたという記憶はないですね。そのころは、まだ地評の細谷さんとの関係もそんなに太くはなかった。ただ、「やれることだけしか約束しない」と、はっきり言ったので、それなりに詰めの協議はしたのでしょう。二時間も三時間も議論した記憶はありませんが、チェックはしました。案を見せられて、一項目ずつ読んでいって、三つ四つペケにしたのかな。表現もちょっと変えてくれとか、ぼかしてもらったりして。労四を通じて意見集約し、最終的に七九項目でまとまったのです。

政策協定づくりで、いま一つ記憶に残っているのは、「革新」あるいは「革新県政」という言葉ですね。私は「革新」という言葉を使うことに真っ向からではありませんが、終始、やんわり抵抗しました。でも、最後に「革新」という言葉は残る。公約には入っていませんが、確認団体の名称が「みんなで明るい革新県政をつくる会」だったかな。堂々と残ってしまうのです。そこまで抵抗できなかった。「革新」をやめてくれとまでは言えなかった。それ以前から「革新共闘」とか「革新四団体」という言葉が先行していましたからね。しかし、公約の前文に「革新」という言葉があったので、「それは困る」と言いました。当選してからも、私は「革新県政」という言葉は一度も使っていません。

県議会は自民党の絶対多数下にある。国政は自民党政権のど真ん中だ。市長の経験も踏まえ、あれやこれや考えると、仕事をするためには「革新」なんてことを声高に叫んではダメだと思っていました。「反自民」という言葉もあまり好きではない。「非自民くらいならいい」と言ったりしていた。東京（国政）でも県議会でも自民党勢力が支配している。市町村長の仲間も多くは保守系。こうした現実の中で県政を預かることになれば、やはり仕事ができるかどうかという実務家的な判断が私にはある。ある意味で冷静、ある意味で打算的と言えるかもしれないが、「革新」という言葉だけをスローガンのように先行させて、使ってはいけないという思いがありました。

開発優先の琵琶湖総合開発計画は見直し

当時、私が琵琶湖総合開発事業をきちんと認識していたかというと、そうではなかったですね。八日市市長としてはふわっと眺めていたところがあり、総合開発の本質や詳細は十分に理解していなかった。しかし、なんとなく開発優先のプランだという印象は持っていました。それは田中内閣の土木工事を含めた金権体質に対する批判の流れと、滋賀県の琵琶湖総合開発とがオーバーラップして映っていたので、私もそういう目で見ていました。琵琶湖総合開発が土建業者の利権の大きな舞台になっている。そこには上田建設を含めさまざまな利権がからみ始めているという認識ですね。

ですから、開発優先の琵琶湖総合開発を見直すことについては割合素直に賛成でした。でも、具体的にどこをどう見直すのか。例えば、矢橋人工島の造成はやめる、下水道の規模はどうするといった勉強まではできていないので、あまり深く議論せずに選挙戦に入った感じです。

そのほかでは、財政問題ですね。共産党は当時バラマキ主義で、「無料化」が好きでした。財政のことを考えないでどんどんぶち上げていましたから、いくつか削ったんじゃないかな。でも六五歳以上の医療費無料化など残したものもあります。八日市市長を三年半務めている間、三回くらい予算編成も経験していますので、財政の感覚というのが私にはありました。財政的に可能かどうか、できるかできないか、という判断ですね。したがって、明らかに大盤振る舞いというものには異論を唱えたのではないかな。

「共産党嫌い」の民社党がアプローチ

当時のことで、一番印象深く残っている人は、あえていえば、民社党の西田八郎さんです。ちょいちょい情報をくれましたし、「武村が出馬を決めてくれた以上は勝たなければならない」という思いを非常に強く持っておられた。とにかく「勝たねばならない。そのためには手段を選ばずだ」と。共産党であれ、公明党であれ、すべて味方に引き込まなければならない、自民党も一部壊さなければならない、そんな思いでしたから、共産党の推薦要請には「俺が行く」といって出かけたのを今も思い出します。自民党以上に「共産党嫌い」の民社党の親分が、共産党県委員会の古武家昇平委員長に会って、「一緒にやろう」とおっしゃった。そのとき、私も一緒に行ったのかなあ。なぜか、その場面を印象的に覚えています。

共産党は、あまり「革新性に疑義がある」とは言わなかったですね。候補者の革新性うんぬんより、自治体を革新するには誰がいいかという論法だったのかなあ。その意味では、共産党のアプローチの仕方は非常に明快でした。

かつて大津市長選で労働四団体と野党四党が一緒に戦って勝った。その人脈もあるし、実績もある。そこで労四は知事選も「大津市長選と同じ形で行こうじゃないか」と、共産党や公明党もいる席で話をしています。知事選の年の四月ごろ、かなり早い時期から大津市長選と同じ共闘方式で臨む雰囲気は醸成されていたようです。

いわばバックミュージックかもしれませんが、最後の最後には共産党も公明党も乗ってくれるんじゃないかと、労四の幹部は思っていたのかもしれませんね。私もそういう話を聞かされていました。

県都の大津市長選は一九七二年九月に行われた。革新系無所属の前県議・山田耕三郎氏（五五）が、保守系無所属の前市助役・井上良平氏（五六）を約三〇〇〇票の小差で破り、初当選した。山田氏を推薦した社会、共産両党は、地評、同盟系労組などこれまでのいきさつを乗り越えて革新統一戦線の輪を広げ、県内で初の社共共闘首長を誕生させた。

滋賀県知事選は一〇月二三日告示された。立候補は新人武村正義氏（四〇）と現職野崎欣一郎氏（五三）の二人だけ。野党四党の完全共闘と自民党との保革一騎打ちは全国で初めて。一一月一七日の投開票日まで、湖国を二分する二五日間の戦いが始まった。

第一声「窓を開けてください」

告示日、近江八幡の秋村田津夫君という人が、わざわざ県庁前に来ていました。私の応援ではなく、出陣式の光景を見るために。彼は秋村組という滋賀県では大手の建設会社社長で、現在、近江八幡商工会議所の会頭をしています。その彼がよくいうのです。「あの出陣式の『窓を開けてください』というあいさつはよかった。武村さんの政治人生で一番印象に残っている言葉だ」と。

あの第一声は、原稿も何もなしで、壇上に立って出てきた言葉です。県庁前広場の第一声は、くじ引きか何かで順番を決める。それで野崎さんが先にスピーチをされた。そのときは県庁の窓がいくつか開いていて、職員のみなさんは野崎さんの演説を聞いている。ところが、私の番になったら、みんな窓を閉める。もう窓側には誰もいない。そこで、思わず「窓を開けてください」という言葉が出たのです。「けしからん」という思いもあるが、「県庁のみなさん、窓を開けて、私の声も聞いてください」と語りかけた。ついでに「農協のみなさんも、滋賀会館のみなさんも」といったのです。

そこには「風を通せ」という意味もあるのです。なんとなく閉鎖的で、あまりオープンでない滋賀県庁、野崎県政に対する皮肉でもあります。「もっと明るい県政をつくりましょう」という呼びかけにも通じる言葉でした。本能的に出た言葉でしたが、その光景を目撃された方には印象的に残ったのでしょう。

選挙戦で今でも私が思い出す光景は、その第一声の「窓を開けてください」という演説と、もうひとつ最終盤の光景です。まったく互角の戦いで迎えた最終日の夕方、期せずして野崎陣営も武村陣営も大津駅（JR大津駅）前に集結した。いずれもほぼ二〇〇〇人が集結する大集会になってしまいました。候補者の乗った街宣車が駅に向かって斜めに並び、互いの応援団が取り囲む。みんな竹やりじゃないが、長い竹ざおの先に、シンボルカラーのグリーンやブルーの旗やはちまきをつけて持っている。それが何十本もわーっと林立し、先がぶつかり合う。中には突っつき合いも始まる騒然とした雰囲気。事態はそれ以上にはなりませんでしたが、まさに一触即発の異常な盛り上がり、緊迫した状況でした。

そんな中、ここでも野崎さんが先に演説した。私がカチンときたのは、その演説の中身です。「武村君はよそ者だ。よそ者に大事な滋賀県政を渡すわけにはいかない。武村君は帰りたまえ」なんですよ。そこで私はやり返した。「今、野崎さんは私をよそ者だと言われましたが、私は滋賀県の八日市で生まれ、一八歳まで八日市で育ちました。滋賀県で生まれ育った人間です。野崎さんこそ、神戸かどこかで生まれて、どこかよその県の小学校、中学校を出ている。滋賀県じゃないでしょう。よそ者というなら野崎さんの方じゃないですか。帰るのはあなたの方だ」と。竹やりが林立している中ですので、そんな応酬がぴったり合うんですね。選挙の最後、候補者同士からそんな激しい言葉が飛び出すほど大変に緊張した、過熱した選挙光景でした。

まさに両陣営の総結集でしたね。もう夕方で、一一月でしたから日が落ちるのは早い。乗降客の波が続いて、群衆、聴衆はかなり多い。そこへ双方に動員もかかっている。もう、駅前はごちゃまぜ。しかも、竹ざおが林立している。それはすさまじい光景でした。写真が一枚でも残っていれば、よく分かるのですが…。

保革激突の知事選は、中盤から終盤に入って、両陣営のつばぜり合いをエスカレートさせた。武村氏を支える「みんなで明るい革新県政をつくる会」と、野崎氏がバックにする「豊かな滋賀をつくる会」は、それぞれシンボルカラーによるムード盛り上げの裏で、熾烈な組織戦を展開。がっぷり四つの予断を許さない情勢が続いた。

武村氏の選挙母体「つくる会」の主力部隊は、地評三万人、同盟二万八〇〇〇人、中立労協一万五〇〇〇人、新産別三〇〇〇人に、純中立二万五〇〇〇人を加えた約一〇万人の労働組合員。これに社会、共産、公明、民社四党が参加した革新八団体の総結集体制。各単組へのタテ割り作戦と、県内を一三ブロックに分けた地域別ヨコ割り作戦を組み込み、きめ細かに集票作戦を展開。シンボルカラーのグリーンバッジ一一万余の売り込みと、一人一〇票、五〇〇円の資金カンパを進める。

野崎氏の「豊かな会」も農協中央会（約一〇万人）の会長を会代表に、建設業協会、漁連、市長会、町村会など約二〇〇団体（三五万人）を網羅。支部は大津市内の学区ごとに二〇支部、郡部に四九支部それぞれ設置。各支部には農協組合長、自民党役員、自治会長などを幹部にすえる。これに自民党県連九六支部と党選出国会議員の後援会を一体化させた大艦隊。バッジ一三万個、ビラ二〇種類各二五万枚を配布する大物量作戦を繰り広げる。まさに県下を二分する総力戦だ。

どんどん変わる選挙風景

毎日毎日、朝の八時から夕方まで選挙カーに乗って手を振る。県内は広いので、計画的に走り回る。主に国道や旧の国道、県道などを走る。だいたいコースが決まっていて、大きな道だったら同じところを三、四回、走り回るのです。時間的に余裕がないので、離れた集落には入らない。朽木だったら安曇川沿いの鯖街道、土山に入ると旧東海道を走る。そんな農村の風景は二回目、三回目になると、覚えてしまう。家並みまで目に浮かんできます。

たまたま一回目走ったとき、その在所にいた人たちはじっと私の車を見ていました。手は振らない。武村の車が通るというぐらいで、全然反応しないで、ただ眺めている。ところが、二回目走ったときは、誰もいない。人の姿が見えない。一回目はチラチラ眺めてくれていたが、こんどは全部ピシャッと玄関も窓も閉め、猫一匹見えない。たまに人がいても、さっと隠れる。「武村です。お願いします」と、スピーカーから流れると、さっさっと隠れてしまうのです。

その光景を目の当たりにして、夜、選挙参謀に「とにかく農村部を回っていると、みんな姿を隠す。『武村、武村』と車を走らせていくと、みんな逃げる。家の中に入ってしまう。厳しいなあ」というと、こんな答えが返ってきました。「野崎陣営がガンガン締め付けているのだ。町会議員から町内会長に、町内会長から組長に『武村を応援するな』『野崎を頼む』と一軒一軒歩いている。締め付けが徹底してきたからこそ、武村の車がくると、みんな逃げる、隠れる」と。「なるほど」。これではとても勝てないなと思いました。

ところが、終盤になって、同じ道をまた選挙カーで走ると、こんどは隠れていた人が出てくる。そして半分以上の人が手を振ってくれる。初めから待っていてくれる人もいる。モノを持ち上げて手を振る人もいる。全部ではないが、反応がものすごく鮮明になってくるのです。終盤、マキノ町の街道を走っていると、あの山のど真ん中でも、わーっと人が出てきて、手を振ってくれるわけです。選挙戦が序盤、中盤、終盤と移り行くなかで、人々の風景も変化していく。序盤はじっと見ていた。中盤はこそこそ隠れる。終盤は出てきて手を振る。有権者の反応が正直に出てきて、それが選挙戦全体の印象を物語っていましたね。

中盤、私の票がぐーんと減ったのではなく、あれは締め付けで、出たら在所の区長に怒られる。町会議員に何か言われ、問い詰められる。だから隠れていた。でも、内心迷っていた人も終盤には、みなさん決めたのでしょう。「私は野崎だ」、「私は武村だ」と。武村と決めた人は、待っていたように手を振ってくれる。最後には、武村の選挙カーが来ると、クラクションを鳴らして「がんばれ」と応援してくれる車がどっと増えました。よその県のトラックもですよ。私自信、反応が良くなっているのが肌で分かりました。

県庁職員がヤジの大競演

それから、もう一つ忘れられない光景は、立会演説会です。あのころ、まだ立会演説会というのがあって、二五日の選挙運動期間のうちの半分くらい、県内各地で開かれる立会演説会に出ることになっていました。大津から始まり、琵琶湖を一周して大津で終わる。演説の順番はくじ引きで決めるのですが、中盤、湖北の伊香郡あたりからか、先に演説していた野崎さんが持ち時間の三〇分をこなさないで、一五分くらいで降りてこられる。しかも顔色がよくない。私はあわてて登壇するのですが、そのとき、ちょこっとお辞儀するくらいで、お互い何もしゃべりませんが、野崎さんはどこか体が悪いのかな、そんな感じを持ちました。

いま一つ。大津の膳所小学校の講堂で、締めくくりの立会演説会がありました。そのとき、県庁の職員が早くから大勢きていました。先に演説した私に対して県の職員が慣れない野次を一生懸命飛ばすのです。ずいぶん野次られました。演説しながら時々、野次っている人の顔を見ると、陳情で知っている幹部も少なくない。とにかく「私は野崎でかんばっている」と、目立つようにやじっている。まあ、県庁職員が会場の前半分くらいの席を占拠して、野次の競演をする。まさに県庁総動員の選挙だった印象が強く残っていますね。

こんなこともありました。石山地区での立会でしたか、野崎さんが先に演説を終えたら、聴衆がさっと帰ってしまいました。会場の半分くらいが空っぽ。武村の話は聞きたくない。野崎さんの話だけ聞いて、さっと引き揚げる。そんな号令が県幹部から出ていたのでしょう。こうした立会演説会の光景も忘れ難いものがあります。

エスカレートする都市型選挙

すさまじいと言えば、物量作戦もすさまじかった。まったくアバウトな推計ですが、私の陣営では約一億円のカネが使われたのではないかな。八日市の後援会が約五〇〇〇万円、労働四団体・野党四党が五〇〇〇万円くらい使ったと思います。八日市はそこそこ分かっている。労働団体はカンパを集めた。一般組合員は一人五〇〇〇円（地評のみ一人八〇〇〇円）で、かなり集まっているのです。総額四、五千万円にのぼります。だから、八日市の後援会と野党共闘で合計一億円ぐらい使ったことになります。

一方、野崎陣営はおそらく数億円使っていると私は推測しています。まったく当てずっぽうですが。大量動員した学生のアルバイト料だけでも一億円はかかっていると、どこかの記者が話していました。とにかくポスター、ステッカー、ビラも何種類もつくり、ばらまきました。野崎陣営は紙も印刷も質がいい。私の方はよくない。どこかケチっている感じでした。どこかの新聞によると、ビラ合戦で野崎陣営は一〇〇〇万枚ぐらいまいたと報じていました。

全体としては「青と緑の戦い」という色彩的な印象も強かったですね。選挙母体は「豊かな滋賀をつくる会」と「みんなで明るい革新県政をつくる会」で、「豊か」と「明るい」という二つの形容詞が対照的でした。シンボルカラーとしてブルー（豊か）とグリーン（明るい）に色分けされ、敵、見方がいっそう鮮明になりました。街角にブルーとグリーンの旗がはためく。バッジがつくられ、腕章が行き交う。最後には、「私は武村だ」、「私は野崎だ」といわんばかりに、アンテナにそれぞれのリボンをつけた車が走り出す。色で一つの陣営を表現する「カラフルな選挙」が滋賀県で始まった感じでした。

公務員のみなさんも選挙に巻き込まれていった。ほんとうは地方公務員法違反になるのですが、土曜、日曜には、野崎事務所に県庁幹部が出入りし、そこに座っていたり、腕章をはめて車で出て行ったりしていたようですからね。私の陣営だって、署名運動を公務員労組、自治労あげてやっていました。カンパは違反にならないが、私のある同級生なんかは「いてもたってもいられない。何かしないと」という気持ちになって、自分の車に拡声器つけて、一人で走り回ってくれたそうです。学校の先生ですけどね。本能的にそういうことをするくらいの雰囲気でした。公務員法違反どころか、公職選挙法も違反です。そういうルールを越えて、よく言えば燃えていた、盛り上がっていたともいえますね。

八日市「握り飯選挙」で燃える

八日市の私の陣営では、毎朝、一〇〇〇個か二〇〇〇個の握り飯をつくる。私の親戚や出身の在所あたりの人が中心ですが、早朝、五時ごろからごはんを炊きだしてね。そして八時か九時ごろ事務所にきた人に「あなたは信楽へ」、「あなたは大津に」と指示が与えられる。そうしたら、みなさん握り飯を二つとたくあんをもらって、それぞれマイカーで県内のあちこちに手分けして出かけ、運動を展開していました。

この「握り飯選挙」で八日市は異常に盛り上がり、投票結果が示す通り、九割もの武村支持につながりました。市役所どころか農協、商工会から婦人、青年会議所などあらゆる団体が本能的に立ち上がり、爆発的に行動しました。誰が仕掛けたとか、指導したとかではなく、市全体が本当に燃えたという感じですね。

八日市市の人口は三万人で、県全体の三〇分の一くらいですが、八日市が燃えるということは、八日市周辺も燃えるということです。永源寺、愛東、湖東、蒲生、安土…どこもみな過半数を超えて勝った。あの八日市周辺全体が盛り上がり、一定の大きさ、流れになって勝利した。辛うじて八千票台の差で勝たしてもらったのです。

選挙戦は、選挙母体の「みんなで明るい革新県政をつくる会」と八日市の後援会が車の両輪になって展開しましたが、八日市の「握り飯選挙」が担った役割は非常に大きいものがありました。それは世間で見られている以上に大きいと思いますね。八日市の活躍は、おおざっぱに見て六対四くらい。全体の四〇％ほどの票は八日市が稼いだかもしれないな。それだけ八日市のパワーは大きかった。みんな計算抜きで動いていますから、かえって迫力がありました。自民党の方は学生・アルバイトで、日当もらってやっていますから受け身です。八日市の方はタダ働きで必死にがんばっている。熱の入れ方がまったく違う。その差は大きかったでしょうね。

後援会とひとことで言いますけど、県庁から見ると、県の二三〇団体は野崎さんで応援しているでしょう。各種団体の会長や大津にある本部の人は野崎さんでがんばっている。ところが、その支部が必ず八日市にあります。遺族会には八日市支部がある。児童福祉の分野でも八日市に保育園があります。ここが武村で燃えました。八日市の遺族会が県内の遺族会を走り回り、八日市の保育園の職員が県内の保育園の職員にアプローチする。八日市の医師会、建設業界など、すべての団体が武村を応援する構図でした。八日市は小さいけど、与えた影響は大きかった。

八日市市長選は市を二分した激戦でしたが、市長を務めた三年半、私は市民にかなり好印象をいただいていたかもしれません。とにかく「自転車市長」でした。毎日自転車に乗って通い、市内のあちこちも自転車で「やあ」と言いながら動いていましたので、その姿は市民にとって印象的だったのでしょう。三年半で相当地盤を培養したのかもしれません。仕事もしたけど、有権者にとっては身近な存在に映っていた。八日市市長選では半分近くが「反武村」でした。そういう人たちも燃えて私を応援してくれましたので、市長選の恩讐をのり越えて一本になったという感じでしたね。

初の保革一騎打ちとなった滋賀県知事選は一一月一七日に投票、即日開票され、革新統一候補の新人武村正義氏が、三選を目指した自民党推薦の現職野崎欣一郎氏を破り、当選した。

当　二五三、二五九　武村　正義　無新
　　二四四、九三五　野崎　欣一郎　無現

投票率七五・九四％

選挙戦は序盤から白熱した攻防を展開。かつてない都市型選挙は終盤になって、いっそうエスカレートし、末端運動員の間におけるエキサイト場面もあちこちで出現、警察の警告は二〇〇件以上にのぼった。デマ、中傷が飛び交い、マイクやビラ合戦、シンボルマークのはんらんする騒然とした中で、「両陣営、両候補の政治姿勢や政見の訴え、政策論争が埋没されてしまったのではあるまいか」と、京都新聞が社説で異例の苦言を呈するほどの過熱選挙だった。

県民に政治・経済への不満広がる

選挙そのものの構図は、人物では野崎対武村の戦い、色でいえばブルーとグリーンの戦いでしたが、自民、非自民、反自民というよりは、やはり「体制」対「反体制」という図式になったことが最大の特色かもしれません。県庁という権力集団があって、市町村はおおかたが県政に協調的な保守勢力であった。そのうえに、県にかかわる二三〇もの各種団体、農協、医師会、土建業界はじめ、ありとあらゆる団体が全部野崎さんを推薦し、野崎さんで動いた。まさに体制総動員の野崎陣営と、それに刃向う武村・労働四団体と野党四党が総結集した。完全共闘で体制に立ち向かったわけです。まさに「権力の争奪戦」です。

では、なぜ勝ったのか。私なりに考え、分析してみると、一つに日本の政治・経済状況があります。政治状況とは田中内閣が金権問題で終わりを迎えていました。文藝春秋の立花隆論文「田中角栄の研究―その金脈と人脈」（一九七四年一一月号）で、高度成長時代以来の土建国家ニッポンが大きく問われ、国政全体、自民党政治が批判されていました。いま一つは、やはり経済の不況です。特にガソリンの高騰を中心にして異常な物価高が進行していた。人事院勧告が三十数%という異常な賃上げという状況でした。国民も県民も日本の政治・経済に不満を持ち始めていたという背景があります。滋賀県政においても琵琶湖総合開発事業を基本にした開発優先の政治に対する批判があったのではないか。四二〇〇億円にものぼる巨大な事業は開発優先で、利権の対象にされているのではないか。そんな疑問が大なり小なり県民の間に頭をもたげてきていました。

もう一つは、総合開発の対象である琵琶湖そのものの汚染が始まっている。加えて県政そのもののよどみに対する批判も出始めていました。「琵琶湖のよどみ」と「県政のよどみ」、その両方が重なって、県民の中に批判的な見方が出始めていたということがありますね。

総じては開発優先の県政に対する批判。特に野崎県政の裏で「上田一派」が県政を壟断しているというわさが広がり出した。

知事選前、八日市近辺の五人の市町会議員が実名を記して野崎県政との決別を文章で発表しました。当時、八日市市議だった大西文蔵氏らが勇気ある行動を起こしたのです。全員、自民党を脱党して「野崎県政さようなら」という文章を全県にばらまきました。その文章では、特定勢力との癒着をさきがけて指摘し、「県政のよどみ」をズバリ批判しています。選挙に影響したと思いますね。

野崎さんが体調を崩されていたことも、野崎さんが敗れた要因として考えられます。私たちも知らなかったのですが、本当に体調はひどかったらしいですね。さきほど立会演説会での話をしましたが、湖東町長も務め、野崎さんを一生懸命応援した人の話では、大津市内でいわゆる「桃太郎作戦」をした際、野崎さんに歩いてもらうのに往生したそうです。二人が抱えてやっと歩かれたというほど弱っておられたと言っていました。

滋賀県知事選後、田中角栄首相は一一月二六日朝、正式に退陣を表明した。政局の混迷が自らの「金脈問題」に端を発していることについて「政治的、道義的責任を痛感している」として、責任をとることで政局の収拾を要請した。自民党田中派は滋賀県知事選を重視、その行方についてかたずを飲んで見守っていたふしがある。自民党推薦の現職野崎氏が負ければ政局に影響しかねないという受け止め方をしていた幹部もいた。この知事選結果が「田中辞任」の引き金になったとの見方もある。

田中派会長「武村当選」でバンザイ

滋賀県の前に香川県知事選でも自民党は負けました。私が全国で八人目の「革新知事」といわれ、近畿でも三番目の「革新」でしたので、あちこちで保守が負け始めている中で、滋賀県のような保守盤石のところでの敗北は、それなりに中央政界にとってショックだったのではないでしょうか。

しかし、知事選の開票当日、田中派の西村英一会長は、テレビの開票速報を見ていて、午後一〇時ごろ「武村当選」が決まると、立ち上がってバンザイしたそうです。これ実話です。西村さんとは面識があって、かつて衆院選の際、選挙区の大分まで応援に行ったこともあります。当選してからも、京都に来られると、いつも呼び出され、長唄を聞かされるぐらい、ずいぶん西村さんにはかわいがってもらいました。それはともにかく、田中派の会長がバンザイしたというのは非常に異質な光景ですね。田中派といえども「野崎一色」で応援していたわけではないことを証明しているのではないかと思います。第一、田中首相は一度も野崎候補の応援にきていないのです。

一枚岩でなかった自民党

そもそも自民党の宇野宗佑さん、山下元利さん、河本嘉久蔵さん、この県選出の三人の国会議員が知事選でどういう行動をしたのか、見つめる必要があります。自民党は「野崎推薦」でしたが、この三人は果たして本気で野崎さんの応援をしたのか。

知事就任二日目に彦根で、県遺族会か何かの会合があって、宇野さんと正面の座席で向かい合って座りました。宴席ですが、宇野さんは乾杯の始まる前に「武村君、おめでとう」と。「ありがとうございます」と、お礼を述べた私の顔をじっと見て、宇野さんはどう言ったか。「僕がどっちを応援したか、君、分かっているかね」。それだけで、それ以上は言わない。いかにもそれは「俺は野崎を応援していないよ」といわんばかり。非常に印象深く残っています。

もう一人、山下さんはどうだったのか。西武グループはだいたい私でした。知事選の途中で知りま

支援者に囲まれバンザイをする武村氏（京都新聞 1974 年 11 月 18 日付）

した。西武グループは野崎さんが嫌いで、知事は代わった方がいいと思っていたらしい。野崎さんは西武のいじわるをしたのか、言う通りにしなかったのか、そこは分かりませんが、結果的に私に好意的でした。

ここは憶測ですが、西武と関係の深い山下さんもその影響は受けているはずで、真剣に野崎さんの応援をしていないだろうなと思っていました。その証拠に、知事選の終盤、山下さんの地盤のマキノ町（現高島市）、海津大崎などを走っていたら、みんな出てきて手を振ってくれる。マキノといえば山下さんの地元です。そこで、そんな現象が起きていましたので、あまり山下さんは地元を締めつけていないことが分かりました。

当選後しばらくして、東京で滋賀県人会が私の「お祝いの会」を開いてくれました。そこへ西武のオーナーである堤義明さんがやってきて、冒頭にあいさつをしました。マイクの前に立つと、いきなり「この間まで滋賀県には悪い知事がいて、やっと倒れて、武村さんになってよかった」と。演説としては率直で、分かりやすい。堂々とパーティーで言いましたからね。

こうしたことを考えると、西武と関係の深い山下さんも本気で野崎さんの応援をしていないと感じました。河本さんはよく分かりませんが、いずれにしても、みんな「上田嫌い」で、それと結託している「野崎はダメ」と思っていたのでしょう。県庁は一生懸命だったけど、なんとなく自民党は一枚岩ではなく、真剣ではなかったのではないか。そうした状況が相当私に幸いしたと思います。

勝利に「上田金脈」の影

選挙戦は、先ほど申し上げたように「体制」対「反体制」の典型的な「権力の争奪戦」でした。私が勝ったのは、「上田金脈」が陰に陽にさまざまな影響を県政に与えている。それが野崎さんにはマイナスに、武村にはプラスに働いた。「上田金脈」のおかげで、私は勝ったという言い方もできます。その県政の異常さに気がついた県民が私を勝たせてくれたとも思います。私は、かっこよく言えば、神の意志で勝たせていただいたとも言えます。

勝てない選挙を勝たせてもらった以上は、「命をかけてがんばらないといけない」という気持でした。だから知事就任後、財政再建にしろ、土地転がし事件にしろ、琵琶湖環境問題にしろ、体を張って、これで政治生命が終わってもいい、辞めてもいい、と思いながら務めさせいただいた。そうした心境をつくってくれた選挙が、あの知事選だったと思っています。

その後、政治の流れとしては、知事選を契機に保守優勢の県政界は自民、非自民勢力が五分五分になっていった。時々、非自民勢力が選挙に勝つようになり、稲葉県政、国松県政、嘉田県政につながっていった。二〇一二年一二月の総選挙までは、民主党が国政の議席を独占するような、片寄ったことにもつながっていきました。しかし、現在は全国的な民主党への逆風の中で、自民党が小選挙区の四議席を独占しています。

もう一つは、「上田金脈」事件があったおかげで、私の県政、さらに稲葉県政、国松県政、嘉田県政と二十数年続いていますが、県政では大きな金脈問題、大きな汚職事件は起きていません。滋賀県にとっては歴史的な転換点の選挙になったことは間違いないでしょう。

滋賀県知事選後の一二月一二日、社会党本部の中央統制員会は、知事選の候補者擁立をめぐって、上田建設の上田茂男社長が推す現職野崎欣一郎氏を有利にするため、革新統一戦線を撹乱しようとして、県本部三役への買収工作をしていた事実を明らかにした。当時、県本部は臨時大会を開き、現知事武村正義氏を革新統一候補として推すことを決めたにもかかわらず、後藤俊男委員長ら三役は高橋勉書記長の擁立に動き、除名処分に。中央統制委は県本部と上田氏との間に長年にわたる癒着があることも指摘した。

上田建設側に「そんなことやめろ」

細谷卓爾（元滋賀地評副議長）

滋賀県知事選で一番印象に残っているのは、社会党県本部の体制が混乱し、西村関一委員長、西堀喜祐書記長らの新しい執行部体制をつくって再出発するまでの間です。これに尽きますね。

社会党では、法岡多聞さんが上田建設との交渉役だった。僕と法岡さんとは非常にいい間柄で、僕が見聞きしている社会党のことを上田建設に伝えてくれていました。法岡さんは上田建設に以前からかかわっていて、僕に「俺が上田側の言いなりで動いたら三億円のカンパをやるぜと言ってきた」と話していたのを今でも覚えているなあ。

上田建設は知事選で野崎知事を当選させるために、社会党から高橋勉書記長の擁立をはかっていたので、法岡さんは上田建設に「そんなことはやめろ」という僕の意向を伝えてくれていたんです。「三億円」はそのときに出た話でしたね。僕は当然、冗談のように聞いているから問題にもしなかった。

ただ、社会党と上田建設との関係は昭和四〇年代に入ってからずっと続いていて、社会党にカネが必要な時に、それほど巨額ではないが、党全体としてもらっていた。参院選の時もいくばくかのカンパが上田建設からあったようです。

後藤委員長ら三役による高橋書記長の擁立劇は、上田建設が三役に対して個別に働きかけたもので、法岡さんの話とはまったく別の動きでしたね。

知事選では、僕はずっと勝っていると思っていた。だって大津市長選の時は社共共闘だったが、知事選は社共に民社、公明がつき、労働団体も同盟、新産別がついたことで、大きく広がった。これは非常に大きな要素です。

それに武村さんの地元八日市の票も計算に入れ、労働四団体と四政党の「八者共闘＋武村票」で、絶対に向こう（野崎知事）を倒すことになると最初から固く信じていた。そう読んでいただけに社会党の一連の動きは許せなかった。

選挙戦に入っても「武村強し」の考えを変えることはなかった。最後に「武村知事誕生」と「武村落選」の二つのあいさつ文を議論していたが、そのときでも、当選は間違いないと思っていた。

武村さんが知事になって、僕は「せっけん運動」、「土地転がし事件」、「中国湖南省との友好提携」という三つの大きなことにかかわった。ほんとうに充実した一二年間でした。

民社と共産が寝食ともにし戦う

小竹富雄（元滋賀労働四団体事務局長）

滋賀県知事選の候補者擁立をめぐって、社会、民社両党と労働四団体の六者会談で、民社党から革新統一候補として武村正義八日市市長を推す提案があり、労四として八日市に行く話が持ち上がった。

滋賀県は鳥取、島根などと並ぶ保守本流の地。戦後も知事は服部岩吉、森幸太郎、谷口久次郎　野崎欣一郎各氏と保守県政が続く。労四内部では「野崎知事はけしからん」で固まっていたが、「とても届く世界ではない」、「ほんとうに戦って勝てるのか」などいろいろ議論し、そのうえで武村さんを推すことを決めて八日市役所に行った。軽い気持ちで武村さんに会ったのではないのです。

そのときの武村さんの印象は、「庶民的な人だなあ」でした。東大卒のガンガンの官僚だと思っていたけど、全然違う。ピンクトップという大きなマッチ箱からマッチを取り出して、パッパパッパとたばこを吸う。明るく朗らかで興味の持てる人という印象でした。

ただ、八日市の人は武村さんを知っているが、全県的には届いていないから、いかにして知名度を高めるのか、事務局長・書記長間で戦略戦術を考えました。その結果、武村さんに出馬を要請する→武村さんは断る→再度要請をする→断る→もういっぺん行く→本人が出馬の意思を固める―こうしたプロセスを通じて、「武村」の名前は新聞などで報道され、県民に浸透することになる。資金を使わないで知名度を上げるには、マスコミの力も借りるしかないと考えました。

ですから「武村出馬」をめぐるお互いの思いはまったく違っていて、武村さんが断ってくれて正解だったんですよ。繰り返し要請できて、武村さんの名前を県内全域に広げることができたのです。

では、なぜ「野崎」ではダメなのかと言えば、それは知事選前年の一九七三年メーデーにかかわる経過もコトの発端の一つです。メーデーを主催する滋賀県労働者福祉対策協議会として野崎知事を招いてごあいさつをいただきたいとの思いから、星伸雄会長（滋賀同盟会長）らと県庁の知事室を訪ねたところ、「いま、知事は不在ですので返事はできません」とのことでしたので、いったん引き下がりました。しかし、そのとき知事は在室していたのです。にもかかわらず、働く者の祭典メーデーに関心なしとする県の姿勢に対し、いずれ体質改善を求める時期が必ずくるとの思いを固めました。

こんなこともありました。知事選のあった一九七四年のメーデーでは共産党代表も来賓で招待しました。確か瀬崎博義衆院議員が共産党を代表してあいさつされたのですが、参加者の一部から「帰れ！」「帰れ！」コールがおきましてね。「革新県政樹立」のスローガンを掲げているのに「帰れ、帰れ」というのは失礼ではないかとの指摘があり、共産党事務所への訪問をいやがる星さんを「これから労四は、共産党も含めて引っ張っていく勇気を持ってもらいたい」と説得し、一緒に謝罪に行きました。共産党県委の西田清書記長は「分かった。よく来てくれた」と応えてくれました。

知事選の勝利は、武村さんの人気がすごかったし、共産、公明も含めた野党四党と労働四団体の結束もすごかった。ここに勝因があります。普段から交流のない共産党と民社党・同盟の幹部らが選挙事務所で一緒に寝泊まりして、戦ったのですからね。選挙事務所のムードも明るく元気で、自信にあふれていて、なんの違和感もなく盛り上がっていました。その結束力はたいしたものでしたよ。

第二章　財政破綻からの脱出

　滋賀県知事選から二週間たった一二月七日。武村正義新知事が初登庁した。この日は冷たい季節風の吹きすさぶ寒い朝だったが、県庁前は一般県民や支援団体代表ら約二〇〇人が詰めかけて大歓迎。ここに武村県政はスタートした。

初登庁に無粋な男

初登庁の三、四日前に、滋賀県の総務部次長だった林貞雄さんが八日市の自宅に来て、「秘書課長と広報課長はどうされますか」と。特に当てはないので、「誰かいい人はいますか」と聞くと、秘書課長に県教育委員会社会教育課長の西岡嘉雄さん、広報課長に青少年対策室長の杲馨さんを推薦して帰りました。

林さんは野崎側近の一人でしたが、選挙は負けたのだから武村の立場で人選しなければならないと考えたのでしょう。あまり野崎色が濃くなくて、しっかりした人を選んでいました。すでに頭を切り替えていたのは立派でした。

そして七日朝の初登庁。滋賀県庁の玄関には、選挙で私を応援した主婦ら支持者が集まっていて、拍手で迎えてくれました。お辞儀しながら県庁に入っていこうとしました。正面玄関の二、三段の階段をあがったとき、ぬっと二人の男があらわれ、「こら武村！」と怖い顔で近づいてきた。一人が私の胸ぐらをつかまえ、ネクタイをゆすりながら、「貴様なんか知事になる資格はない」、「知事にはせんぞ」と暴言を吐きました。私はケンカになるといけないと思い、空手をやっていた経験から胸ぐらをつかんでいた手を押しのけ、取り払いました。

この男たちは、県町村議会議長会のボスらで、当時、県町村議会や自民党も牛耳っていた人物です。満面の笑みで歓迎してくれるおばさんたちと、強面の二人のおじさんという対照的な姿は、選挙

公正な県政を第一に

武村滋賀県知事が初登庁

十一月の滋賀県知事選で全野党共闘に推され保守系の現職知事を破り当選した武村正義新知事（40）は、七日午前初登庁、県政史上初の革新県政がスタートした。登庁した武村知事は県職員に「九十六万県民のために、県民の気持ちをくんだ県政を進めたい」と語り、県政担当へ強い意欲と決意をみせた。

武村知事はこの日午前八時半玄関前で、政党関係者、労組員ら支持者約二百人の出迎えを受けた。武村知事はやや緊張した表情で「これから県庁にはいって仕事を始めます。このやかたは古いが、もっと親しみやすく、明るいものに変える努力をします」とあいさつ。さっそく知事室にはいり、平井多喜夫総務部長から簡単な事務報告を受け、同九時から屋上で職員に初訓示をした。屋上では約千二百人の職員が集まり、武村知事が姿をみせると一斉に拍手。寒風が吹く中さっそくマイクをにぎった知事は「きょうから野崎知事さんのあとを受け、皆さんと一緒に県民の期待にこたえて仕事をします」と述べた。

このあと「選挙中は利害の対立、意見の違いがあったがこれからの四年間はこれにこだわらず九十六万県民の知事として公正に県政を執行する」と決意を語った。

続いて同十一時から県政記者クラブで会見、次のように語った。

一、基本姿勢については選挙中にも話したが、県民側から見て親しみのある行政を進める。また県民の暮らしに直結していると感じてもらえるように努めたい。

一、新年度予算は従来決められている事業で計上すべきものはする。財政事情から新規事業は少ないが福祉に力を入れる。公約の六十五歳以上老人医療無料化は来年度中に具体化したい。人事は適材適所主義で行い、信賞必罰で臨む。副知事は来年の三月県会までに決めたい。

一、びわ湖総合開発については、開発より保全の立場から上下水道、土地改良など問題のない事業は進める。しかし全体計画は再検討の時期にきており、洗い直す考えだ。

支援の労組員らに迎えられ初登庁する武村知事

初登庁する武村知事（京都新聞 1974 年 12 月 7 日付）

戦がそのまま尾を引いている感じでしたね。

三階の知事室にやっと入ったところへ、「県の金庫は空っぽ」という難題が飛び込んできた。県財政の破綻というまるでキツネにつままれたような話。唖然としながら県庁の屋上で行われる全職員への就任あいさつに向かったんです。

初登庁日。武村新知事は午前九時から県庁屋上で、職員一五〇〇人を前に「選挙中、利害・意見の対立があったが、これからは九六万県民の知事として公正に県政を執行する。ご協力願いたい」と訓示。このあと、就任会見を行い、県政の最重要課題である琵琶湖総合開発事業について「人工島、湖周道路などは住民の間のコンセンサスを得られていない面もあり、広く意見を聞き結論を出したい」と、琵琶湖の環境保全を重点に見直す考えを示した。

張りつめた空気の県庁

私は八日市市長選で現職の市長・助役の体制に立ち向かいました。ある意味では八日市市という一つの権力体制に刃向うかたちで立候補しました。選挙は「助役との対決」でしたが、そのときも職員の多くは市長・助役の側でした。

その体制側のど真ん中へ市長として入っていった。舞台は小さかったが、この市長三年半の経験があるので、「きのうまでは敵でも、あしたからは味方になる」と信じていましたし、県庁でも時間の問題と割り切っていました。こちらが努力すれば、大方の職員は味方になってくれる。時間が立てばわだかまりは溶けていく。そう思っていたので、割合落ち着いていました。

しかし、知事選の対決は生々しく、特に幹部は野崎さん支持で燃えましたので、緊張感が顔の表情まで出ていましたね。東京都知事選（一九七一年）で勝った美濃部亮吉さんが「（都庁に）独りパラシュートで降りたようなもの」と言いましたが、本当にそんな雰囲気でした。緊張感だけではなく、幹部クラスには敵愾心もあったのではないかと思います。一般職員も慣れない人物が入ってきたという違和感は持っていました。遠くから見ている人も含め、県庁全体に歓迎する空気はなかったですね。

県政の引き継ぎ、知事公用車の迎えなし

知事当選後、初登庁までの間に、県政の引き継ぎや支援政党、労働四団体などの情報提供、アドバイスといったものは何もなかった。東京では、同じ政権の中で大臣がかわるとき、新旧がにこにこしてテレビに映り、引継書にサインをしていますが、自民党から民主党への政権交代の場合、そんな光景はない。県の幹部は政権交代を経験していない。だから、敵だった人、なってほしくない人が当選した。そこへ説明に行くことは思いつかなかったのでしょう。

配車がなかったのも県庁に入った日から「公用車」というけじめなのかもしれません。就任前に知事公舎を開けるという考えもまったくなかったのでしょう。野崎さんも負けると思っていなかっただ

ろうから、知事公舎を出るのも大変だったのかな。まあ、よく秘書と広報の課長人事だけは相談にきてくれたなと思うくらいです。

県政の運営にあたって、よくみなさんがおっしゃるブレーン、非公式な知恵袋を持つという発想は案外当事者にはありませんね。ブレーンがいなければ仕事ができないという思いは最初からなく、ゼロから始めて当然という割り切り方です。仕事をする仲間は県の職員。知事の手足となる職員四〇〇〇人にエンジンをかけ、うまく動かすことができるか、ここがポイントなのです。

中央官庁や埼玉県、愛知県、八日市市などの地方自治体で行政機構を経験した立場からいうと、課長であれば数十人の課員を動かす。市長時代には数百人の職員を動かしてきました。県庁は少し規模が大きいですが、早く職員をなじませる、私もなじんでいく。その中で人物を判断して激励し、登用していく。そんな思いがブレーンづくりの第一歩ではないでしょうか。

副知事、出納長は翌一九七五年の六月議会で任命するまで、およそ半年間空席でした。いなくても仕事はできる。総務部長として自治省から矢野始さんに来てもらったのが四月です。それまでは私の中枢はいなかった。冗談みたいな話ですが、それでも短期的には仕事はできますね。

決済第一号は「カラ予算」案

先ほども話したように、知事室に入って一番奥の知事の椅子にドンと座わったところへ、「失礼します」と言って二人が入ってきた。総務部長の平井多喜夫さんと財政課長の高士禮二郎さんでした。「おめでとうございます。ご就任早々ですが、決済をお願いします」と書類を差し出したんです。二人は決裁書を持って待ち構えていたようですね。

「何の決裁か」と聞くと、「一二月の定例県会に提案する補正予算案です」と言う。続けて「実はまったく財源がありません。しかし、県人事委員会勧告で三〇%もの高い勧告を受けていますので、ここは対応せざるをえません。一時借入金で予算を組んでいます」と。「なぜ、ないのか」と問い返すと、「とにかく当初予算で全部見込んでしまったので、もう財源に余裕はありません」と言うのです。いってみれば何の担保もない「空手形だな」と言うと、「そうです」とうなずいていました。

そのころはオイルショックに物価の高騰で、県人事委勧告（二九・九一%）も異常に高い。お巡りさん、学校の先生も合わせた県が支払う職員は約二万人いますので、補正額も人件費だけで相当なオーダー（約八〇億円）になります。私の常識では、人事委勧告はいくら高かろうと、これを削ることは勧告を無視することになる。目をつぶってでも予算を組まざるを得ない。その場で総務部長らと議論している時間もないので、最終的に「カラ予算」案に印鑑を押し、県会に出すことにしました。これが私の決裁案件の第一号で、武村県政は「カラ予算」から始まりました。

知事としての仕事が「赤字財政」から始まる象徴的な場面でしたね。それまで県の財政状況については、全然知らなかった。知事選でも論点になっていない。これほどひどいとは思いも寄らなかった。それだけに、知事就任初日に県財政の破綻を目の当たりにして、財政立て直しの認識と覚悟を持たざるを得ませんでした。

県庁の金庫は空っぽ─職員の月給払えない！

年が明けて一月のある日。「知事さん、県庁職員の月給が払えません」という報告が入ってきた。「なぜか」と聞くと、「カネがない」という。私はぎょっとしました。土地開発公社問題で頭がいっぱいでしたが、「県財政も大変だ」という思いが深まりましたね。

まだ財政状況の全貌を把握できていなかったのですが、「これは隠さないで、オープンにした方がいい」と直感的に思いまして、私の判断で「県の金庫は空っぽ。給料は払えない」という事実を公表しました。新聞には「県庁の金庫は空っぽ」という見出しが躍りました。大変ショッキングな見出しですね。この「空っぽ」の事実は、県民や県庁職員に対するかなりのショック療法になったように思います。

当時、県庁の給料支給日は一五日だったんです。異常に早いですね。「おかしいなあ」と思って全国を調べたところ、そんな県はどこにもない。だいたい二七日か月末に近い。民間もそうですね。どうも野崎知事時代に組合との交渉で「一五日支給」になったらしい。そこで二月から世間並みに支給日を遅らせることにし、結末としては月給の支払いは事なきを得たのですが、でも、このショッキングなニュースが流れて、県庁内には危機感が強く出てきましたね。

その直後、まず手掛けたのが、私の言う「隗より始めよ」なんですよ。まず自分の月給を下げないといけない。当時知事の月給は五〇万円ですが、一〇万円引き下げて（二〇％カット）四〇万円にする。年間でボーナスも含め一七〇万円減らすことを自分で決めました。それと並行して管理職手当も部長の二五％を七％カットし一八％に、次長も二〇％から一五％に下げた。課長も数％カットしました。当時、部長の二五％は近畿で一番高く、自治省が示す目いっぱいの額です。総額では三億五〇〇〇万円くらいの節減効果があったようです。

知事報酬、管理職手当の削減は三月から実施された。手当カットは一般職員にも及んだ。ほかにも一般職員の超過勤務手当未払い分一億一八〇〇万円の凍結、出張旅費のグリーン車料金廃止、特殊勤務手当のアップ見送り—なども合わせて実施した。

県財政の非常事態宣言

それと同時に各部長を呼んでおおざっぱな予算要求のヒアリングを始めました。そこで県の財政事情のひどさを実感しました。知事に就任した一九七四年度決算は赤字が避けられない。その赤字額は最初二〇億円くらいかと思っていましたが、四〇億円にも膨らむ。最終的には経費節減や地方交付税の増額などいろいろやりくりして減らしました。赤字四〇億円をそのまま出せば財政再建団体に転落しますからね。それでも一二年ぶりの赤字です。当時の地方財政は全国的に赤字基調でしたが、でも赤字転落はあってはならない大変な事態でした。

そこで私は記者会見し、ようやくつかめた県財政の全貌について「大変なことになっている。今年度は一般会計で二〇億円を上回る大幅赤字になるのは必至の情勢だ。財政再建団体になったつもりで新年度の予算編成、予算査定を始める」と、財政非常事態宣言しました。

武村知事は記者会見で、来年度の財政は「県政始まって以来のピンチ。県税収入は法人事業税を中心に伸び率はマイナス。新規事業をいっさい実施しなくても当然増経費を満たすだけで七一億円足りない」と強調。未曾有の危機下での予算編成に当たり「県民サービスに影響が出る」と説明。新規事業ゼロ、既定経費見直し、継続事業の実施延長あるいは規模縮小、投資的経費の大幅削減―など予算査定で大ナタを振るう方針を示した。一方、新たな財源確保に向け、企業課税の強化策として標準税率の引き上げ、予算執行の仕組みや県庁の組織にもメスを入れるなど「ありとあらゆる努力をする」ことを明らかにした。

野崎時代の放漫財政を示す一例が人件費です。滋賀県は大変高い水準にある。全国の地方公務員の給与レベルを国家公務員と比べる指標のラスパイレス指数をみると、国家公務員を「一〇〇」とすると、滋賀県は「一一四」で、全国第四位という高いランクだった。この人件費だけをみても、いかに小さな滋賀県が組合交渉の中で、組合に緩くて県財政にルーズな姿勢でいたかを証明しているように思います。これも異常です。

知事査定で大ナタ振るう

新年度の予算編成は歳出カットを中心に取り組む方針で、管理職手当の引き下げに続いて本体の事務事業全体の査定に入った。ちょうど副知事室が知事選後の副知事退任で空いていたので、これ幸いと毎日、副知事の部屋にたくさんの書類を持ち込んで査定をやりました。

とにかく各課の事業項目までチェックして、私が「もっと下げられるのではないか」、「これは半分にできないか」と、荒っぽいですが、私の直感で、まさに知事主導でやっていきました。トップのリーダーシップで各論の歳出カットを詰めていく作業でした。だいたい放漫な前年度予算に上乗せした新年度予算要求が出ているので、知事査定といっても、まずは前年度予算に切り込む作業が中心でしたね。

一年間やってきた予算、あるいは六年も七年もやっている予算には、それなりの理由があり、効果もあります。県民の利害団体も絡んでいる。担当の部課で多少削れても、バッサリ否定するような削り方はできない。だから全然違う人が違う感覚でバンバン削る。大ナタを振るわないと、歳出の大幅削減はできない。

もちろん削減にとどまらず、新規事業の見直し、七九項目にわたる知事選公約の凍結、棚上げする方針も早々と決めた。公共投資の抑制もやりました。国の補助金が付く公共事業もカットの対象です。当時、国の補助金が付くのに地方がもらわないのは非常識に見られていて、滋賀県の返上は後々までも農林省や建設省との間でしこりが残りましたね。予算を頼みに行っても「お前のところは公共事業を返上したではないか」と、しつこく言われる。五年も六年も尾を引きましたが、公共事業は無条件で二〇%カット、県単独事業も五〇%以上という相当大きなカットに乗り出したんです。

続いて何百もの各種団体に出ている補助金の「一律二〇%カット」です。「乏しきを憂えず、等しからざるを憂う」という言葉に倣いました。やはり歳出カット、緊縮財政を行う時には平等にやらないといけない。アクセントをつけると、えこひいきをしたと見られ、世論は収まりません。「なんであそこを削らないで、うちだけ削るのか」と言われるに決まっています。だから、やや悪平等に近いのですが、主な団体には直接お目にかかって削減をお願いしました。金額としては一〇〇億円ぐらいかな。

「びわ湖まつり」中止

それに県主催の行事は全部一年間やめる。例えば、夏の恒例行事であり、最大のイベントである「びわ湖まつり」は中止。体育祭も文化芸術祭も、消防大会、交通安全推進大会、消費者大会、社会教育大会、自然保護大会―何でもかんでも一年間やめてもらう。

ただ、びわ湖まつりには議論がありましたし、私も多少迷いました。しかし、びわ湖まつりができないほど県財政は悪いという意識を県民に広く持ってもらおうと思い、決断しました。あえてやったところもありますが、象徴的でしたね。

ほかにも管理職のグリーン車をやめる。海外派遣も海外出張もやめる。食糧費は半分にし、職員の夜食は全廃する。こうしたことも決めました。滋賀を広くＰＲする広報もやめると言えば変な感じですが、選挙の年のやり過ぎのところは全部カットしました。

「やんちゃ知事」の本領発揮

県庁に単身で乗り込んで一カ月そこそこ。こんなやんちゃなことができたのは、やはり八日市市長として、予算を四回つくっていたからですね。予算の仕組み、規模は全然違いますが、査定の雰囲気を含め経験してきたことが頭にあったので、できたのかもしれません。それにもともと官僚でしたから財政・行政を多少知っている。あるいはズブの素人だったらもっと大胆にやれたかもしれません。

私は理屈を言って、法律を持ち出し、他県の例を聞いたりしながら詰めて行くところがあります。そこは官僚的手法ですね。当時、土地開発公社問題の疑惑報道も始まっていましたので、本来なら反発、抵抗するはずの県の幹部はどこか弱々しい。心底、納得し、理解していたとは思いませんが、あまり逆らわなかったですね。

ただ、開催を間近に控えていたのが全国植樹祭です。県の厳しい財政事情を踏まえてどうするか。すでにインフラなど施設整備はでき上がっていたので、参加者数を思いきって減らした。県植樹祭事務局は顔色を変えて異論を言っていましたが、植樹祭の開催運営は法律事項ではない。県が大胆に参加者数を減らしても文句を言うところはない。だから思い切って開催規模を縮小しました。東京から何の反対の声もなかったですね。「びわこ国体」の開催は一九八一年とだいぶ先でしたが、県の緊縮路線の雰囲気に沿って、主会場も新設せず既存施設を活用する方向を示しました。


滋賀県は二月二〇日、武村県政初の一九七五年度当初予算案を発表した。一般会計一二五六億一六〇〇万円、特別会計四三四億四二五三万円、合わせて一六九〇億五八五三万円の規模となった。一般会計は前年度当初比八・五％の低い伸び率にとどまり、六三年以来一二年ぶりに一ケタ台に落ち込む〝超緊縮型予算〟となった。

赤字の財政事情を背景に、経費節減、事業の洗い直しを行う一方、びわ湖まつりなど各種行事・大会の中止、各種団体への補助金カット、公共事業の大幅後退、琵琶湖総合開発事業も国の内定額よりダウンした。知事公約の目玉である六五歳以上の老人医療費無料化など新規事業は全部見送り、〝武村色〟は凍結された。武村知事は「県民に耐乏を強いることになるが、財政の自主再建をはかるため理解と協力をお願する」と異例の談話を出した。当初予算案が提案された県議会は、野党自民党との激しい攻防の舞台となった。

自民、猛反発し増額修正

なにしろ自民党は新年度予算案について「けしからん」の一点張り。四月の県議選を目前にして、自民党議員としては、予算をバッサバッサ切られ、かっこうがつかない。特に県単独事業では道路や河川などいっぱい有権者に約束していたのでしょう。だから本能的に反発してきて、結果的には三三億円余の増額修正という異例の動きに出てきた。最終的に総額一二五六億円だった一般会計予算が一二八九億円に多数決で増額される事態になりました。もちろん、私は反発しました。

地方自治法上は再議に付すルールがありますが、三分の二以上の賛成が必要になる。当時、自民党は県会で三分の二以上の議席を持っていた。しかも県議選の告示は四月一日。刻々と選挙が近づいてくる中で、日数的に臨時県会を開いて再議に付す余裕がない。そこで私は専決処分で暫定予算を組んで間に合わせ、県議選後に臨時県会を開いて、再議に付すという腹を固めた。この方針で自民党側とやり合ったわけです。

選挙前なら自民党は多数で否決できる。しかし、選挙後となると、獲得議席がどうなっているか分からない。自民党は三分の二をとる自信はなかったのでしょう。私の「選挙後の臨時県会で再議に付す」方針に、党内から「それは困る」という声が出て、膠着状態になった。県議選（定数四三）では案の定、自民党は五割強（二二議席）しか獲得できずに終わりました。

とにかく予算は県議会に決定権がありますが、決まった予算をどう執行するかは知事の権限です。したがって、三三億円を増額修正しても、それに見合う税収など歳入がなければ執行できない。だから執行段階の秋に、それだけの歳入が見込めなければ、三三億円は不執行にする。この妙案に県会議長の文室定次郎さんが飛びつき、最後は「文室裁定」ではないが、自民党も合意した。自民党内には、知事の権幕だと再議に付されて負けるかもしれないという不安がよぎったのか、執行段階で歳入の状況を見て判断する方が格好がついていいとの考えも働いたようで、ようやく政治的には折り合いがついた。この当初予算をめぐっては、こんな攻防戦もありました。

県の新年度一般会計当初予算案は三月二〇日開かれた県議会最終本会議で、多数野党の自民党が三三億二四〇〇万円増額する修正案を提出、同党だけの賛成多数で可決した。当初予算案が「超緊縮予算」だったことで、自民党は「歳入を低く見積もりすぎている。これでは県民に十分なサービスができない」と猛反発。一八日夜の県議会・常任委員会で、自民党の反対で否決されていた。当初予算案の修正は県では初めて。武村知事は「議会と円満な関係を保つため、予算の執行過程で弾力性を持たせることを条件に、増額修正案について『再議』にかけることを思いとどまる」との意向を示し、修正予算は確定、成立した。

この予算編成段階で残ったのが人件費です。人件費は予算項目で三分の一を占めている。これをどうするかは最大のテーマの一つでした。アンタッチャブルというわけにはいかない。なにしろラスパイレス指数が全国第四位の高水準ですからね。最終決断は秋にすることにしました。

県人事委員会は一〇月二三日、県職員の給与を四月一日にさかのぼり平均八・〇二％引き上げるよう知事と議長に勧告した。アップ率は史上空前の大型ベアといわれた前年の二九・九一％を大幅に下回り、国の人事院勧告（一〇・八五％）より低く、近畿でも和歌山県（七・〇一％）に次ぐ低率になった。勧告の完全実施に伴う必要財源は約二〇億円だが、県に確保のめどはない。

職員の月給引き下げ提案

人件費の削減とは、職員の月給を下げる話です。知事選では私を当選させようと一生懸命ビラをまき、カンパもしてくれた県職労、県教組、県高教組に対して、期待を裏切り、恩をあだで返すような「月給引き下げ」の話を持ち出さなくてはならない。一九七五年度予算が途中で成り立たないものですから、秋になって必死の思いで組合に提案しました。

その内容は無条件で一律に四月一日にさかのぼって「二号俸引き下げ」です。それ以外にも、「わたり」は一段以上認めない。毎年三カ月でやっていた昇給短縮もやめる。高齢者の昇給はストップする。荒っぽくいえば「三号俸引き下げ」ともいえるものです。三号俸と言えば三年間昇給ストップに相当します。当時としては、かなり荒々しい、大胆な月給の引き下げです。

異常に高い県のラスパイレス指数「一一四」をいきなり一四%引きはがして、国家公務員並みの「一〇〇」にしようと決めたわけではないのですが、当時としては他県に例を見ない削減案ではなかったかと思います。

当然のこととして組合の猛反対にあいました。しかし、必死で組合に訴えましたね。「みなさんには選挙でお世話になり、感謝をしています。だけど今、引き下げをやらないと県は財政再建団体に転落します。当時のルールでは三四億円くらいの財政赤字で再建団体の指定を受けることになる。そうなれば予算は国の管理になり、人件費はもっとひどいことになる」と。脅しではなく、財政再建団体だけにはしたくない思いからでした。

結論から言うと、組合の幹部は理解してくれました。「せっかく我々がつくった県政を財政再建団体で終わらせたくない」という思いもあったでしょう。それまでに予算編成で県の行事をやめるとか、団体補助を二割削る、公共事業を返上する—などさまざまな取り組みを先行して手がけて、県民サービスをどんどん削っている。それなのに組合だけノータッチでは県民世論は許さない。財政再建団体に陥る不安・恐れと県民世論も意識してか、「絶対困る」と言っていた組合も最後は「やむを得ません」と折れてくれました。給与が大幅ダウンする提案をのんでくれたのです。

最後、私が「ありがとう」とお礼を言って出て行こうとしたら、組合の幹部が五、六〇人いましたが、みんな拍手で送ってくれました。あの光景は今でも忘れません。労働条件の改善に取り組む労働組合が、自分たちに最も不利なことでも受け入れる判断をしてくれた。彼らは立派でしたね。こうして「月給引き下げ」という最大のドラマは落着しました。

今ひとつ、同和問題がありました。毎年、県は部落解放同盟の要求を受けて交渉しています。知事選の年には相当破格な改善要求があり、野崎県政の執行部はすでに了解を与えていた。しかし、団体補助金の「一律二〇％カット」を掲げている関係で、解放同盟にも「二〇％カット」で対応せざるを得ない。そこで私は「このままでは前年の要求は実現できない。武村県政では前県政での要求を一度ご破算にしてください」とお願いしました。知事室で二、三日かけて交渉し、最後は「分かりました」と、受け入れてくれました。この二つの交渉は非常に印象深く残っています。

地方に歳入自治なし

「県の金庫は空っぽ」から始まって、私は身近なところから率先垂範する、公平を徹底するという精神で、あらゆる予算緊縮を貫いてきました。みなさんが「それならしょうがない」と、しぶしぶでも合意してくれた理由は、ここにあるかもしれませんね。進め方は間違っていなかったように思います。

財政危機の打開策として歳出削減の話を中心に申し上げましたが、なぜ「削減」に力を入れたのかといいますと、わが国の地方自治制度の中で、歳入にかかわる自治はほとんど認められていないのが現実です。歳出面ではかなり幅があって、地方側の判断で可能です。しかし、歳入面では法的に縛られていて、あまり裁量を働かせる余地がない。そのことがわが国の地方自治の一つの大きな問題点です。「歳入の地方自治がないではないか」と、私はよく言っているのですが、今日も基本的な状況は変わっていません。

例えば、固定資産税や酒税は法律で一定の税率が決まっている。だから地方自治体は変えようがないのです。その中で、県民税とか事業税とかで税率に幅が認められているものもあります。もちろん「上限はここまで」という制限税率がかかっていますが、私は法人県民税について税率を一％引き上げる決断を早々としました。

ほかに「新しい県税」の可能性を真剣に模索しましたが、大胆で斬新な、それでいて大きな収入が得られる新税はなかなかみつからない。滋賀県らしい税として「遊覧船税」と「モーターボート税」を創設しました。この二つくらいですかね。ほかには道路や河川などの手数料や占用料、それにゴルフ場税などを引き上げた。引き上げは全部で一〇四項目にのぼりました。財政再建のための歳入増の一環として、あれこれ知恵をしぼってみたのですが、そんなに大きな額にはなりませんでした。それでも、精いっぱいやったという感じでしょうか。

八月に西川良三副知事を本部長とする県財政緊急対策本部を設置。一般財源で約一〇億円の節減を目標に、使用料・手数料では県民生活に直接つながらない港湾関係の占用料、広告物許可手数料など一〇四項目を引き上げ。平年の増収分は一六三〇万円。法人県民税の超過課税は、自民党の反対ですったもんだの末、県議会で修正可決され、実施が決まった。一九七六年度から五年間、資本金一億円以上、または法人税額一〇〇〇万円（原案五〇〇〇万円）以上の法人を対象に、法人県民税の法人税割を現行の五・二％から制限税率いっぱいの六・二％に引き上げる。増収分は年間二億四〇〇〇万円見込む。

県行財政調査室は一年かけて県のすべての事務事業（四二〇一件）を総点検し、一九七五年一月に改善策をまとめた。今でいう「事業仕分け」で、改善対象となった事業は計三一一件（全体の七・四％）。このうち廃止六七件、簡素化九三件、統合三七件、委託四一件、移管一五件―など。これら仕分けで、八五・三人分の事務量が減り、事務費約一億円の節減につなげた。

「等しからざるを憂う」

私の財政再建への姿勢、進め方には、いくつかの特色があります。まず「公開の原則」です。状況を把握したら、なるべくオープンにして、県民も一緒に考えてもらえるようにしていった。これが第一の原則です。第二の原則は「隗より始める」で、自分の足元から手をつける。三番目は「等しからざるを憂う」。公平を基本に聖域を置かずにやる。そして四つ目は利害を伴う相手方とは徹底的に「話し合う」、「説得する」ことです。この四つの原則、方針は最初から持っていたわけではないが、後から振り返ると、そんな考え方で取り組んできたように思います。

当時、土地転がし事件の問題処理と並行して財政問題をやっていましたので、私の姿勢は不動明王に映ったかもしれません。とくに歳出カットに対しては相当荒々しく、体を張って取り組んでいた感じがあります。野崎県政がつくった悪い状況と戦っている意気込みでした。

甲斐性を超えた前県政予算

なぜ財政破綻を起こす事態を招いたのか。振り返りますと、やはり野崎県政の積極的な放漫財政が一番大きいかもしれません。それは人件費もそうでしたが、公共事業についても言えます。それに一〇年計画で四二〇〇億円を投じる琵琶湖総合開発事業です。国の法律、予算がからまる大事業を実現したという評価は当然あってもいい。しかし、新たな水供給を下流に認める代わりに、琵琶湖の保全対策として多くの滋賀県の要求を飲ませました。そういう意味で、琵琶湖総合開発は琵琶湖の水管理に対する一定の秩序をつくり上げたという成果がありますが、いかにも高度成長の延長線上の開発事業を満載したプログラムですね。この事業が一九七二年から鳴り物入りで始まったことが、県財政を強気にした背景の一つにあります。

しかし、琵琶湖総合開発だけではありません。単独事業もずいぶん大盤振る舞いで、滋賀医大の誘致は土地の提供を前提にしているので、相当の負担がかかる。浜大津人工島はいち早くやめることにしましたが、二百数十億円もかかる建設計画でした。それに完成まで持っていった事業として希望が丘文化公園、近江大橋、奥琵琶湖パークウェイ、鈴鹿スカイライン、スポーツの森、文化芸術会館などがありました。とにかく野崎さんの二期目に全部手がけて、知事選にあわせて一九七四年に一斉に竣工式をやった。いい事業も多いのですが、よくも次から次へ県単独の大きな公共事業をどんどん進めましたね。

全体を見ると、積極財政といえばかっこういいのですが、かなり甲斐性を超えている。滋賀県の力量をオーバーした予算をつくってきたとも言えます。これが財政破綻の第一の理由だと思いますね。

二つ目は、オイルショックがあり、インフレになって、県職員の大幅なベアを求める県人事委勧告もありました。これも相当予算を圧迫しました。

三つ目は、実は一九七四年という時期には、国では総需要抑制策を決めて、土地高騰を抑える方向にカジを切っていました。国の予算も緊縮型に入りました。その年の地方財政計画もかなり緊縮型です。ところが、滋賀県では国の緊縮の流れに逆らう形で「拡大予算」を組んでいるのです。その大胆な積極財政が異常な財政赤字をつくり、県財政を破綻に近い状況にしてしまった理由でしょう。

鋭い勘！で断ち切るものすごさ

山田新二（元滋賀県副知事）
山脇康典（元滋賀県副知事）

山田　私が一九七四年に財政課に課長補佐として帰ってきたとき、前任者から「パンパンの予算」を組んだと聞きました。しかも、カネが足りないから二〇億円ものカラ財源を組んだという。「とにかく知事選の年だから。選挙に勝ったらまた考えたらいい」と。武村さんが登庁されてきたときには、全部使い切って、カネがない状態。それはひどいことになっていました。

一九七五年一月、新年度予算編成の知事査定ですね。カネがないので、知事が「私が切り込む」と、財政課が積み上げたものを壊して、もう一度やり直し。職員の健康は心配だし、知事が代わった以上、我々も頭も切り替えなければならない。それは大変でした。

ですが、武村さんの勘は鋭い。報償費いわゆる接待経費、交際費ですね。これに目をつけて、ものすごく切られた。全体の額を切るのも直感ですね。いきなり来て直感でものを断ち切るには相当の努力がいる。立派なものだと感心しました。結局、交際費大幅減、公共事業二割カット、単独事業五割以下、団体補助なべて二〇％減などばっさり切り、行事もいっさい止め。まとまった予算案を県民に「おわびつき予算」として発表したのです。
それから次は自民党です。この予算案に納得せず、三三億円の増額修正をしたのです。再議も考えたが、積まれても執行保留で対応することにしました。

山脇　当時、私は財政課の主査でしたが、カネがなければ、財源は目いっぱい使い切っているので執行をストップする。このストーリーしかなかったのです。ただ、議員さんは予算の仕組みが分からないので、増額修正するといっても修正案がつくれない。
そこで総務部の林貞雄次長から「お前ら行って、手伝ってこい」と言われ、晩になったら自分の仕事を置いて議会の一室に入りました。自分たちが苦労してつくりあげた予算を修正することに抵抗感はありましたが、やむなく徹夜で作業をしました。今でも、あのときは大変だったなあと思います。私はそのあと四月から他部局へ替わりましたが、しばらくは厳しい財政状況が続き、知事も大変苦労されたと思います。

山田　こんどは予算の執行です。これが大変でした。自民党ががんとして執行保留に応じない。上積み分の三三億円だけでなく、土台部分も執行保留にしているのに、やいやい言ってくる。それで、自民党議員にいっぺん自治省に行って、国の目から見た滋賀県の財政の実情を知ってもらおうということになった。確か自治省の財政局長か財政課長から「県財政は苦しい。知事の言うことはもっともだ。無理を言わないように」と、議員はクギを刺され、しぶしぶ帰ってきたこともありましたね。

武村県政は、土地開発公社問題や流域下水道などいろいろ問題を抱えていたが、知事が口をすっぱくして言ったのが財政の健全化です。この財政危機を契機に食糧費などもきっちり筋を通してやってきた。当時、他県で見られたような不正なカラ財源や別途会計などはいっさいない。それで財政の体質はだんだんよくなり、武村さんが知事を辞められるころには、かなりいい状態にもっていかれた。財政の弾力性を示す経常収支比率は全国四、五位にランクされるほどでしたね。

山脇　私は四年後に財政課に戻りましたが、武村さんは財政の健全化に向けて、財政課職員に対し徹底的にチェックせよと指示された。例えば食糧費でも安易にみるな、来客は誰で何人か確認したうえでないとハンコを押すなとまで言われた。そのかわりに課員を四人増員された。異例のことです。財政課を総合的なチェック機能が働く組織にされたことと、冗費の節約は当然だが、必要な経費は公費でみる方向に変えられた知事の英断で、これ以降、県庁の不祥事はまったく出ていない。本当にきれいになりました。

山田　武村県政になって、職員に戸惑いも見られた中で、財政課には知事の考え、方針や手法を変えることについて、予算編成事務を通して説明責任があり、各部局に丁寧に説明をしました。自分たちの給料も破格のダウンをしており、しぶしぶ「しょうがない」と受け入れてくれましたが、そのうち、知事が代われば県庁も変わるんだという意識が職員の間で根づいてきました。一方、対外的に武村知事の人気があがり、県庁における武村知事の求心力も強まっていったのではないでしょうか。

第三章　和戦両様――土地転がし事件

武村正義氏の知事就任後まもない一二月県議会で、仲川半次郎議員（共産党）が滋賀県土地開発公社の買い取った大津市真野谷口の民有山地を取り上げ、上田建設（本社・長浜市、上田茂男社長）がからむ「土地転がし」問題を追及した。県政を揺るがす土地開発公社事件の一端が初めて明らかになった。

土地開発公社事件が表舞台に

一二月県議会は激しかった知事選の延長戦のような雰囲気で、自民党はギャンギャンやってくる。圧倒的な野党勢力を肌で感じ、しみじみと少数与党を体験させられました。そして年が明けると、土地開発公社事件が一挙に浮上しました。

この事件については、私もうわさの実態を十分知りませんでした。聞いていたのは上田建設の上田茂男社長が知事室のある県庁三階の廊下を着流しで歩いているという程度の話です。知事選の際、八日市の市会議員らが「野崎県政に決別する」という文書をつくって県内全域にばらまきましたが、それも漂っている黒いうわさを書いて、県政を批判している程度で、うわさの真相は明らかではなかった。マスコミが記事にするまでには至っていないことが、それを証明しています。知事選が終わるまでは、まさにうわさレベルでした。仲川議員が初めて堂々と大津市真野谷口における土地転がしの実例を数字をあげて問題にしたことが、事件のとっかかりでしょう。

事件は「野崎ムラ」の出来事

滋賀県知事の野崎欣一郎氏と上田建設の上田茂男氏という二人の人物がいて、昭和四〇年代に接近し、情とカネと酒で癒着をした。その結果として、一私企業のほしいままに県政が壟断《ろうだん》されたということです。

昔、歴代総理の指南役といわれた四元義隆さんから聞いた「狂人走れば不狂人走る」という言葉が印象に残っています。これは江戸時代、大徳寺のある禅僧の言葉ですが、「狂ったリーダーが走り出せば、狂っていない多くの人々も走り出す」、平たく言えば、トップが間違うと一般の人も全部間違ってしまうという意味です。ヒトラーにしろ、東条英機にしろ、ああいう大きい世界戦争まで引き起こすことになる。特定のボスがある組織を支配していると、それが狂って組織をあげて巨大な悪を引き起こす。

滋賀県では一〇年もそういった状況が続き、どんどん広がってしまった。まさに野崎知事と上田社長との癒着で、一線を突破してからは県庁の組織全体がよくないことをしているという意識を失っていった。「原子力ムラ」の登場で、最近「ムラ社会」という言葉がはやりですが、例えば、これは「野崎ムラ」の出来事なのです。県を舞台に、野崎さんという絶対権力者を中心にして、巨大な腐敗事件を起こしたといえます。

では、野崎欣一郎さんとはどういう人物だったのか。私には寡黙で、無口で、非社交的な人という印象があります。もちろん頭はいいし、きれる。エリート意識の強い人だったといえるでしょう。

ただ、この人の経歴で異常なのは、内務省採用でいながら、若い時に滋賀県に厚生課長で赴任し、そのまま県に居つくんですね。こういう人は内務官僚、キャリアではあまりいません。内務省の本省人事に乗っている人ですから、二、三年経ったら本省に帰るか、他の県に行くのが、正常な人事ルートです。

しかし、野崎さんは、おそらくそれを断って滋賀県に残ったのでしょう。県の人は京大出で内務省出身のエリートというレッテルをはっているわけですから、注目を浴び続けて存在しておられたと思いますね。考え抜かれた知恵かもしれません。そしてトントン拍子で部長の要職を得て、早々と副知事になり、知事になった。滋賀県という地域社会で超エリート出世をしていった人ですね。

ただ、野崎さんはなんとなく好き嫌いのはっきりした人ではなかったかと思いますね。その後の人事も野崎体制が強くなるに従って、自分に合わない人は遠ざけていった、意見を言う人はあまり重用しなかった。よくあることです。特に、はっきりしているのは、どの県も自治省のキャリアが何人かは出入りしていますが、副知事とか総務部長といったポストに自治省は人を送っているケースが多い。それを野崎さんはピシャッと断る。自分の意のままにならない人物は要職につけない。

まあ、どの世界にもやんちゃな人物がいます。それをボスが懐柔し、有力な側近になれば可愛がる。懐柔しようがない刃向う男は遠ざけることによって、絶対体制が確立される。ムラ社会がなぜできるかというと、九〇%の人々はそういった光景を見て、黙って従うのですよ、日本人は。いろんなことを知っていて矛盾を感じていても、今はこういう体制だと思ったら、誰も声を出さないで、黙々とそれに合わせて仕事をする。九〇%もの人がついてくる。やんちゃな数%をうまくコントロールすれば、一つの組織が巨大であっても、割合牛耳れるのです。ある種のボスが誕生するわけですね。野崎さんも案の定それに成功したというべきでしょう。

もう一人、上田社長はどういう人物かも見ないといけません。彼は滋賀県に生まれて、京都に居を構え、京都・滋賀を舞台に土建業とか土地売買を商売にして活躍した事業家です。いろいろ苦労され、それをバネにして、逆に大変明るく大胆に振る舞った人ですね。キャラクターとしてはズケズケとモノを言い、大変情に厚い。人物を見る目、人を見抜く目は大変鋭かったのではないですか。だから、どんな人でも必要とあれば近づいていった。警察官だろうと、政治家だろうと、田中角栄さんだろうと、必要と思ったらどんどん近づいて行って、「やあやあ」と普段の言葉で話をする。最後はカネを持っているから、大胆さと情、それにカネをも駆使して、いろんな人に接近することに成功してきた人じゃないかな。大きくはカネで成功して、最後はカネで失敗した。そういう風にみていますね。

事件にならないと悪は見えない

土地開発公社事件は刑事事件、民事事件、政治事件と拡大していく中で、全貌が明らかになっていった。それにしてもコトが起きている昭和四〇年代には、ほとんど世間に知られることはなかった。これだけ巨大な悪いことが県政を舞台に行われていながら、なぜ問題にならなかったのか不思議ですね。

上田社長が県庁の知事室や副知事室にしょっちゅう出入りしている。これだけでも滋賀県政はおかしい、知事はおかしいのではないか、と考えるのが普通です。ところが、みんなそれを見ていても、県政が悪いことをしているとは思わない。なぜマスコミも県会議員もおかしいと思わなかったのか。この一〇年間で滋賀県政を担当した記者は百数十人にのぼるはずなのに。もちろん土地開発公社や県の幹部は知っていたが、しかし、彼らは誰一人もらさない。

京都・南禅寺の料亭「辰馬」は夜の滋賀県庁といわれ、幹部や職員が出入りしていました。私のような野崎県政に遠い男でも二、三回行っている。割合異常なことが意外にも堂々と行われていたのですよ。秘書課の職員によれば、上田社長は知事室に入ると、知事の前であぐらかいてドンと座る。しかも野崎知事のことを「野崎さん」か「ノーさん」と呼んでいた。そんなことを許していたのです。

新幹線も同じグリーン車に乗る。二人は別のドアから乗り降りするが、車中ではいろいろ相談している。東京では、野崎知事はホテルニューオータニの最上階の和室に泊っていたようです。上田社長が借り切っている部屋で、それだけでも異常ですね。そこで上田社長としょっちゅう会っていますし、東京の土建屋の幹部も出入りしている。県の部長クラスや秘書課、東京事務所の職員も見ているのです。それでも誰ひとりとして言わない。

私が言いたいのは、野崎さんはかなり堂々と動いている。そういう意味では腹が座っているのか、度胸があるのか。悪いことはもっとこそこそ隠すようにやる人が多いと思うのですが、それがばれなかった。その辺がよく分からない。一般に悪というのは、人の単なるうわさとか、おぼろげな外観だけでは分からないと言われる。着流しで「知事おるか」といいながら知事室に入っていく。その一瞬を見ただけで「この県政は異常だ」と断定してもいいのですが、外観だけでは悪の本質は分からない。生々しく県会で質問され、警察が事件にし、本人が起訴される。そこで初めて悪の全貌が露出することになる。

反省材料でもありますが、残念ながら悪はなかなか容易に露見しないものだなということが、この事件から言えますね。権力体制や会社組織、県庁でもそうですが、知事や社長の問題であれば、本能的には悪があっても、みんなでかばおうとするところもあります。この辺も問題です。内部告発して、反旗を翻したら、「けしからん奴だ」と村八分にされますからね。いずれにしても土地開発公社問題は、事件にならないと悪は見えないという一つの事例ですね。

一九七五年二月、社会党県本部が、県土地開発公社を舞台にした野崎前県政と上田建設や大手建設業者との癒着を調べる中で、びわこニュータウン計画などで上田建設を基点に大手建設業者数社をくぐらせる「土地転がし」を明らかにし、武村知事に実態解明を申し入れた。

これを受けて公社も土地保有状況などを初めて公表。それによると、社会党が指摘した内容とほぼ同じで、保有土地は六五一万平方メートル。だが、用地取得については「購入時期や購入価格が不適当」とする同党の批判に対し、「経済情勢の急変など判断の甘さはあったが、やましいことはない」

と弁明した。一方、資金面は借入残高二〇五億円、未払金二五六億円で、公社の背負う負債は計約四六二億円(一九七五年一月現在)にのぼる。

契約履行すれば県財政は破綻

県議会で仲川議員が質問する前に、私は土地開発公社に対して「実態を調べろ」と指示していました。その調査報告が正月前後に私のところにきました。私は呆然としました。そこには履行不可能な契約が記されていて、履行すれば県財政は破綻するのは確か。一瞬、展望のない状況が目の前に立ちふさがった思いでしたね。

共産党が先行して土地転がしの実態を暴露しており、社会党には競争意識もあったのでしょう。土地転がし問題に積極的に取り組み始めました。土地開発公社の内部も反省し、だいぶ変わってきて、いろいろデータを整理している職員もいました。社会党の西堀喜祐さん(県本部書記長)は誰か職員と通じていて、そういった全体の情報をつかみ、パフォーマンスしたのかもしれませんね。

公社対策委員会をつくり真相解明

私は県土地開発公社対策委員会をつくりました。それは真相を解明するためです。実態はどうなのか。そこをきちっと把握し、その現実を県民にもオープンにしなければならない。それが先行する仕事で、実態が見えてきた段階で、対策を考えることにしました。

でも、あの委員の人選はよかったな。委員長の桑原正信さん（滋賀大学長）、川端五兵衛さん（近江八幡青年会議所理事長）、細谷卓爾さん（滋賀地評副議長）ら、みんな私の人選でした。私の信頼できる人、あるいは公平に見てくれている人、といった価値判断で選んだのではないかと思いますね。


武村知事は記者会見で、知事の諮問機関として「県土地開発公社対策委員会」の設置を発表した。弁護士や学者、銀行家など一〇人を委員に委嘱し、売買契約のやり方や運営など公社の経営実態を調べ、今後の保有土地の処分方法など打つべき対策と解決の方向を提言してもらうのが狙い。

三カ月後の五月三〇日、公社対策委は最終答申をまとめ、武村知事に提出。この中で、びわこニュータウンは「公社と県財政の破たんを招く無謀な契約」であり、その「用地取得には契約が不備で効力に疑問があり、脱法的行為や公社本来の設立目的を逸脱したフシもある」と指摘。そのうえで、①契約解除か適正価格による契約の全面改定、②ニュータウン計画の全面的な再検討、③公社運営の根本的な改革―の三点を知事に求めた。

知事は「契約の相手方と積極的に契約内容の改定交渉を進める」との考えを示した。

契約の解除か、適正な価格改定か

契約解除か、適正な価格による改定か。契約解除というのは「戦う路線」。訴訟でとことん戦う道ですね。契約を適正な価格に変える、つまり話し合いで再契約するというのが「和の路線」ですね。二つの道が出たわけですが、まあ、和戦両様の構えは正しかったと思います。「戦」の方には、豊島事件で全国でも知られる名うての弁護士・中坊公平さんをお招きし、内部からは元滋賀県警大津署長の中島伝吉さんを登用しました。この二人には、もっぱら訴訟路線に真剣に取り組んでいただいた。中坊さんはですね。自治省に「土地転がしの真相解明に当たり、正義感のある、いい弁護士さんを紹介してください」と相談したら推薦していただき、即座にお受けいただきました。「和」の方は、ほとんど私がやったのかもしれません。県の職員では吉原孝司さん、佐々木昇さんら自治省からきた職員を知恵袋にしながら、私が単独で動いていました。

そのころ、上田建設グループの日本レースは、びわこニュータウンの土地代金のうち支払い期限が切れている四億円の支払いを求めて大津簡裁に支払い命令申立書を提出、戦う姿勢を鮮明にした。

「そんなもの払えるか。こんなおかしい契約を履行するなんてとんでもない」と反論して、逆訴訟しました。そこからケンカが始まり、中坊さんも入って訴訟合戦が始まったのです。そのころ相川孝さんが滋賀県警本部長に着任され、警察の雰囲気が変わりました。前任の本部長は野崎県政の終わりも知っていますからね。後から分かったことですが、上田社長は警察にも手を回して、（警察を）辞めた人の仕事の世話や飲み食いなどいろいろやっていましたからね。やはり警察の本部長が変わったことが一番よかったのかな。

県議会では野党自民党が絶対多数を占める。知事選の激突が尾を引き、自民党と武村知事との対立は深まるばかり。九月県議会で自民党は、日本住宅公団（現都市再生機構）に問題の土地を買い上げてもらう福谷三郎兵衛議長ら党幹部の和解工作を知事がけったとして態度を硬化。「和戦両様」の構えで解決策をさぐる知事との対決姿勢をいっそう強め、議会はしばしば空転した。

「野崎前知事はクロそのもの」

最初のころ自民党は、野崎前知事は何一つ間違ったことはしていないという姿勢でしたね。それが半年くらい経って、知事いじめというか、全然、「上田」の方をかばわないで、上田批判を繰り返す私ばかりを攻撃していました。その後、刑事事件になった。井上良平・前県土地開発公社副理事長（自民党県会議員）が逮捕されたころから、自民党が黙り始める。とにかく屈折して、発言をいろいろ変化させていくのです。

県土地開発公社と上田建設グループの土地売買をめぐる疑惑事件は、一〇月二日の県議会で、相川孝県警本部長が「公社問題は捜査中だ」と答弁。捜査は急ピッチで進み、三〇日には井上前副理事長を収賄容疑で逮捕、さらに一一月には背任容疑で再逮捕する。翌一九七六年五月、公社の河内義明前理事長、井上前副理事長ら元幹部六人を背任容疑で送検、六月には上田建設の上田社長を背任の共謀共同正犯容疑で犯行否認のまま大津地検に書類送検し、一年半に及ぶ長期捜査に一応のピリオドを打った。

最終的に大津地検が八月二〇日、上田社長、河内前理事長、井上前副理事長を背任容疑で起訴した。約五〇〇億円もの債務を生んだ原因は故野崎前知事と上田社長との癒着と断定。大津地検の竿山重良検事正は記者会見で「公社を監督する立場にある知事が十分な監督をしなかったことは歴然。野崎前知事はクロそのものだ」と語った。

「和の道」は道なき道

和解に向けた一連の水面下の動きは、土地転がしの土地を日本住宅公団が買い上げる動きから始まりました。私はその話に乗らなかったのですが、その前後からです。

なにしろ「和の道」はジャングルに入って行くような感じでした。アドバイスしてくれる人なんて誰もいない。私は独り動く中で、いろんな情報を知り、浮かび上がってくる人脈を知りました。契約の相手側は、いろいろありますが、ダミー会社を含め主役は上田建設の上田社長ですからね。飛島建設なども上田社長との関係で名前を貸すなどの協力をしていますが、話し合いという以上、ど真ん中にいる上田社長を攻略する以外にないわけです。

そのために周辺から探り始めたり、情報収集したりしました。その中で、暴力団の親分にも二回くらい会ったり、京都政界のフィクサーと言われた人物などにも会ったりしています。その延長線上で最後に田中角栄さんと会う流れになっていくのです。とにかく上田社長を取り巻くクモの巣のような人脈に次々とアプローチし、どこかにとっかかりがないかと。琵琶湖総合開発事業を目当てに大手建設会社と上田建設グループがつくった土曜会の関係では、飛島建設の植良祐政会長にも東京で二、三回会いました。

上田社長への直談判は実らず

そういう私の努力がある意味で実ってきて、上田社長に直談判したのですが、そこでは話はつかなかった。上田社長と会ったのは一九七七年ではなかったかな。私から連絡を取って京都の自宅へ行ったはずです。二回ほど会いました。やりとりの中身はよく覚えていませんが、おそらく「県としては訴訟は訴訟で最後までがんばりますが、話し合いで解決できたらいいと思っている」、「では、どういう案があるのか」と聞くから、「それは鑑定価格しかない。県民が許す案しか、私には選択できません」、「それは無理だ、そんなことはできない」。そんな押し問答で終わったのではないか。歩み寄りまでは行かなかったですね。

私はだいたい図々しく、臆した雰囲気は見せなかった。政治生命をかけて向かい合っている敵ですが、「こんにちは、はじめまして」って、明るく振舞っていました。彼は構えていましたが、そんなに緊張せず、私の考えを聞いてくれたし、話もしてくれた。その意味では、県側の理屈を知って、ある程度彼の頭を整理するのには役立ったのではないでしょうか。

訴訟して勝てるかどうか？

和戦両様と言っても、戦いは最悪の場合は訴訟になります。実際に訴訟して勝てるかどうか、それは分かりませんでした。中坊さんたちは「がんばります」とはおっしゃいますが、五分五分とも言わなかった。「自信はありますか」といった会話もしなかった。一生懸命やっていただいて、ひょっとしたら五分五分くらいだったかもしれません。五分五分ということは半分負けるわけです。負けたら金利が重なって何百億円という債務が残ります。滋賀県はひっくり返ってしまうわけです。

それだけに、片方では話し合いの道を探らなければならない。人間である限りは、どんな悪人でも、どこかで通じるだろうという思いが私にはありました。「善人なおもて往生をとぐ、いわんや悪人においてをや」という親鸞の言葉があるじゃないですか。悪人にも情があり、人の道に立ち戻れば、極楽にいけるという話です。そうでなくても上田社長という人物は義理人情も分かっている。そこそこ筋を通せば、話ができるかもしれない。そんな期待は終始一貫ありましたから近づいていったわけです。

こうしたアプローチをしているうちに、相手側も私の考え方にも少しずつ理解を深めるようになっていきました。向こうの立場も最後は目白で田中角栄さんが断を下した時に、それにすっとなびいたんですね。事前の面談の努力を私がしていなければ、なかなか角栄さんが決めても、関係者の間で反対、異論が出るなどギクシャクしたかもしれません。角栄さんの断が下ったことで、さっとみんながそろいました。

東京・目白の田中邸を訪ねる

この問題で田中角栄さんにお会いしたのは一九七八年です。月日は覚えていませんが、解決する半年前くらいです。かつて自治省の官僚の時代に角栄さんの事務所に半年ほど机を置いて、仕事をした経験があり、面識もあるものですから、以前から角栄さんに土地開発公社問題で一度相談に乗ってほしいという思いがありました。ただ、私は滋賀県知事選に「革新」で出て、当選したことが、田中内閣が終わるきっかけになったと新聞も書いているので、なんとなく「会わす顔がない」という思いもあって、近寄らずにいました。気持ちを抑えていたのです。

そこで、まず角栄さんの秘書をしていた早坂茂三さんに会おうと思って電話しました。彼も「待っていました」とばかりに喜んで会ってくれました。東京で会って、「土地開発公社問題はにっちもさっちもいかない。一度、先生にお目にかかって、知恵をお借りするわけにはいかないだろうか」と相談したら、「いいよ」と即答してくれました。早坂さんは「いつにしようか」と言うくらいでして、待っていたかのような感じがありました。

それで目白に行くわけです。いつも総務部の吉原孝司次長と企画部の坂本新太郎次長を連れて行きました。角栄さんは最初話を聞いていましたが、二、三回したら、すごく勉強をされて、土地転がしの全貌も詳しく頭に入れていました。複雑な交換契約などの問題もかなり認識されるようになりました。そのうえで、私を説得しようと思ってか、この案ではどうだと、二回くらい提案されましたね。そのたびに私はロシアの外務大臣みたいに「ニエット」と、冗談を言いながら「ダメです」と言っていました。

角栄さんは、仙台や東京の多摩などあちこちのニュータウンの大規模なまちづくりの事例を勉強されていましてね。いくらで土地を買い、造成費はいくらかかり、いくらで売って、ほとんど成功している、という事例ですね。それをびわこニュータウン開発に当てはめて、契約はこうなっているが、この程度の改定をすれば、やっていける、と。具体的には土地開発公社が六、七万円で買っていたのを三万円前後に下げれば、県が開発しても結構いけるはずだ。だから「半分くらいで折り合おうじゃないか、武村君」と。

当時、向こうの側で動いていた上田茂行氏（上田茂男社長の子息で自民党元衆院議員）の秘書で小川暢保氏という人がいます。のちに私の最も信頼する県会議員の一人になる人でした。そのころ、小川氏も角栄さんのところを最後の勝負の場にしようという思いがあったらしい。向こう（上田氏側）も、話し合いにある種乗ってもいいという気持ちがあって、その仲介役を角栄さんにお願いしていたようです。私はそれを察知していたわけではないのですが、あらゆることをやって、最後の場として目白を思いつき、早坂さんに会ったのです。その私のタイミングと向こうの思いが結果的に合っていたらしいのです。

私は角栄さんの所に五、六回行っていますが、私が角栄さんに会う前後、必ず小川氏が角栄さんに会い、フォローしているのです。私たちには見えなかったですが、上田茂行氏を伴う場合もあって、二人で角栄さんから報告を聞いたり、知恵を出したりしています。あとで分かったことですが、こんど武村知事が来たら、こう言ってくださいといったことまでやっていたようです。

田中元首相は「和解」へ猛勉強

早坂さんの話によれば、私が目白を訪ねる前日は真夜中に起き、建設省から取り寄せた資料やデータをどんどんと置いて猛勉強されたらしい。「うちのオヤジは、ものすごく記憶がいい。どんどん頭に入るんだ」そうです。私が行くと、待っていたかのように、まさに機関銃のように話し始められるのです。仙台ではこうだ、原価はこうで、面積はこれだけで、公共用地はいくらで―などと、一時間くらい話される。私たちは目をつぶって聞いていていて、話が終わると、いつも「いや、ダメです」と言うのです。

目白の訪問時間は一回二時間くらいかな。朝から何十人もの来客の対応をして、それが終わったころですから午前一〇時から一一時ごろ訪ねていました。庭の見える大きな応接間でした。二回目のときでしたか、「いやいや待たしたな」といってオールドパー二本抱えて入ってこられ、「飲め飲め」と、私たちにもついでくださるんです。「いや、結構です」とお断りするのですが、少しだけついでもらうことになりました。自分はトクトクトクとグラスいっぱいまでついで、ストレートで飲む。そして話し始めるのです。あのころ角栄さんはロッキード事件の被告人で、ひまな時でしたから、余計この問題に力を入れられた感じですね。

「君の言うように決める」

全面解決した九月二八日の四、五日前じゃなかったかな。角栄さんに「君は頑固だなあ」と言われました。「俺もたくさん政治家を見て来たけど、君のような頑固な男は知らんぞ」と続けて、「よっしゃ分かった。君の言うように決める」と、怒鳴るようにおっしゃいました。それが裁断でしたね。うれしかったですねぇ。「ありがとうございます」の一言で終わりました。

まあ、判決みたいなものですね。彼は上田氏側に立つ人でしたが、滋賀県と上田氏側との間に立って、ある種、裁判官のようなつもりでやっていただきました。角栄さんは私が行く前、上田茂行氏や小川氏と話をしているはずですから、最後に私が行った時には判決言い渡しみたいな感じで、「よっしゃ分かった」と、言われたのでしょう。

全面和解も薄氷踏む思い

和解の調印は、事務的にはすんなり行かず、二、三日ギクシャクしました。最終協議では「そんなことでは印鑑は押せません」といって、東京に帰る会社も出てきたりしました。確か飛島建設は一度東京へ帰ったのではなかったかな。和解の骨格は角栄さんが裁断を下しましたが、事務レベルの最後の仕上げはトントンとは行きませんでした。私も細かい経緯は知りませんが、ひょっとしたらダメになるかもしれない、そんな薄氷を踏むような思いで緊張させられました。

徹夜の話し合いで、調印式は二九日の朝方になりましたが、建設会社など関係各社の社長らが出席し実印を押しました。上田茂行氏に聞くと、「親父は反対でした。説得しましたが、それでも聞かないので、黙って実印を持ち出して、調印しました」と言っていました。親父は息子が実印を持って行くのを黙認したというか、すっきり賛成しなかったのでしょう。

それでも角栄さんのところで事実上決まったとはいえ、和解の調印時も嬉しかったですね。あらゆる訴訟を取り下げる、金利はみんなパーにする、そして鑑定価格ですべて再契約する—。すっきりした形で落着しましたからね。それは本当に大団円です。

県と県土地開発公社は一九七八年九月二八日夜、土地転がしなど問題の土地売買契約した上田建設グループ（本社・京都市）、飛島建設（同・東京）など六社と続けてきた契約解除交渉が合意に達し、新たな契約を盛り込んだ合意書に調印した。

合意した基本契約は、びわこニュータウン東部地区を民間の自主開発にすることを柱に問題の土地六件の契約解除、解除に伴う既払い金の返還、新契約の締結―など八条からなる。

県庁別館の県土地開発公社で行われた調印式には、公社側から武村知事（公社理事長）、中島伝吉公社副理事長、企業側から飛島建設・飛島斉社長、上田建設グループの大和不動産・伊吹建設の上田茂行社長らが出席し、基本契約に署名した。

一九七五年二月に疑惑が表面化して以来、県政を揺るがした土地開発公社事件は、公判中の刑事事件を残して全面解決となった。

武村知事は二九日午前九時から県庁・記者室で記者会見。この中で「四年近い歳月を経て、ようやく話し合いによる解決に到達することができ、感慨でいっぱい。公社対策委員会の答申にある解決の基本的方向や『県民が納得でき、損害を残さない一括解決』という基本方針が貫けた。最後の最後まで半信半疑でした。実際、いまも信じられない」と語った。このあと、県議会にも全面解決を報告、鋭く対立した自民党議員も拍手していた。

第34838号　京都新聞（夕刊）　昭和53年（1978年）9月29日　金曜日

滋賀県土地開発公社問題

契約解除で全面解決

県・公社 関連6社と合意書調印

新たに買い上げへ

びわこニュータウン 東部は民間開発

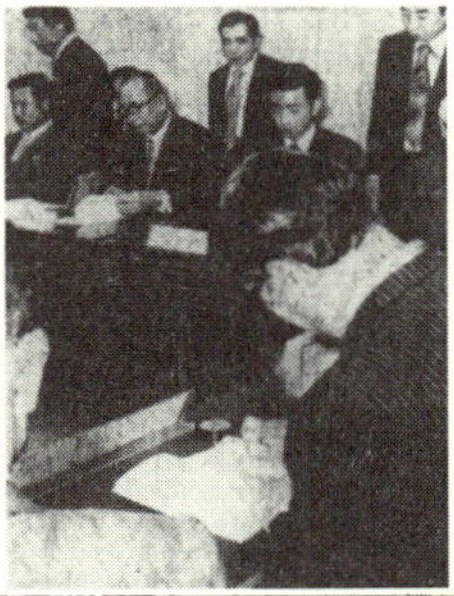
新契約を盛り込んだ合意書に調印する武村知事、向こう側は関係企業代表

【新契約による公社の取得土地】

物件名	契約の相手方	面積 ㎡(坪)	契約額 千円	坪当たり単価 円/坪	鑑定価格 円/坪
真野谷口	飛島建設㈱	254,695 (77,016)	1,588,261	19,874	21,450
竜王岡屋	交進興業㈱	233,321 (70,580)	323,311	4,581	4,620
びわこニュータウン 瀬田西	伊藤建設㈱	264,462 (80,000)	1,346,626	16,833	22,100
びわこニュータウン 中央・西部（旧取得地）	大和不動産㈱ 伊藤建設㈱	732,379 (221,545)	3,163,690	14,280	18,500 (推定)
計		1,484,757 (449,140)	6,371,888	14,187	—

"最小限の損害"に

筋通した県・公社　上田グループの敗北

解説

損害残さず基本方針貫けた

公正な判断に敬意

県土地開発公社問題の全面解決報道（京都新聞 1978 年 9 月 29 日付）

政治家にとって一番難しい仕事

見事なくらいパーフェクトな解決になりました、手前味噌ですが。私は自分の政治人生を振り返っても、「一番難しかった仕事は何か」と聞かれたら、中央の仕事も含めて、土地転がし事件をあげます。和戦両様といっても、和の話は全く展望がなかった。最後はうまくいきましたが、先行きの見通しが立たない戦いでしたからね。それが最終盤、幸運も手伝って完璧に成就したのはうれしかった。仕上がったという感じです。政治生命をかけるという言葉がありますが、危ない橋を渡りながら本当に体を張ってやっていた感じがしますね。

だから逆にいうと、角栄さんの前でも「県民が承知しません、納得しません」という言い方をしましたが、そういった信念で対応しましたから、誰に会っても怖くないし、変な妥協をする気もない。その原則だけは、いつも貫いていたように思います。勢い込んでいたこともありますが、一つの信念みたいなものを持っていたからこそだと思います。

政治家には仕事に対する情熱と冷静な見通しの両方が必要だと言われますが、熱意とは勇気であり、度胸でもあります。政治家にとって冷静な計算と要所要所で度胸と勇気を持って決める。この事件では、その姿勢が貫けたという思いもあって、不肖武村正義としては、すべてがうまく行った、本当に仕事をしたという感想を持っています。

琵琶湖の浄化など新しい思い切ったことをいろいろやらせてもらいました。いずれも前向きで明るい仕事です。しかし、この公社問題は後ろ向きの暗い仕事ですから、世間の評価はそれほど高くはありませんが、政治家にとっては、一番難しい、複雑で巨大な仕事だったと言えます。

構造的腐敗は二度と起こさず

県土地開発公社事件のプロセスは職員にとっても即教材になっただろうし、県民にとっても教訓を感じさせたと思います。私がどうするこうするという必要もないくらい多くの人に影響を与えたのではないでしょうか。その後、滋賀県では稲葉・国松・嘉田県政が数十年続いていますが、こんな構造的な腐敗というものは幸い起こっていない、起こしていないことでもわかりますね。簡単には起こり得ないくらい巨大な構造汚職事件です。

話は元に戻りますが、権力の頂点にある野崎さんが起こした犯罪だといわざるを得ないですね。「上田事件」の印象が強いが、本当は「野崎事件」なのかもしれません。土地転がし、土地を安く買って高く売る、私企業の立場からすると「商売だ。何が悪いのか」になるかもしれないが、度を越すと悪になる。問題は、そうした私企業の魔の手を県政のど真ん中にやすやすと入れ、したい放題させた。それを許した責任は極めて重いということですね。

列島改造論に代表される田中角栄内閣の登場。これが全国的に開発ブーム、地価の高騰を招いた。その中に滋賀県という自治体も存在し、事件が起きた。しかし、列島改造で土地開発ブームを起こした田中角栄さんの裁断でこの事件が落着したのは、いささか皮肉な話でもあります。

ただ、ご承知のように、昭和四〇年代（一九六五～一九七四）前半はまだ高度成長が続き、土地ブームが起きていました。後半になって引き締めが始まり、そこにオイルショックが起きる。地価は全国的に沈静化、ないしは下降気味になる。そうした時期の四八、四九年に、滋賀県では土地転がしがいっそう拡大したというのは、全国の流れとは矛盾しています。

琵琶湖総合開発事業や希望が丘文化公園、近江大橋の建設など滋賀県という地方自治体が取り組んだ大規模プロジェクトが、時代背景の中でかなりにぎやかに進行していた。だから一般の公共事業も増えていて、その中で問題の一つである土曜会という組織が誕生し、談合とかピンはねとかが行われる。それに並行して県土地開発公社を舞台にした土地転がし事件が起きた。全国的な開発ブームと比べると、滋賀県は少し遅れていて、琵琶湖総合開発を軸にしたさまざまな開発事業が問題を誘発したといえます。全国的にこうした環境にあったのですが、なぜ滋賀県がもろくもこんな〝悪の舞台〟になったのか。それをどう見るか。そしてその反省が欠かせません。

滋賀県政を揺るがした県土地開発公社事件で、背任罪などに問われた上田建設元社長・上田茂男被告（六四）と公社元副理事長・井上良平被告（七一）に対する判決公判が一九八八年五月、大津地裁で開かれ、梶田英雄裁判長は、両被告は「河内義明公社理事長、野崎欣一郎知事と共謀のうえ、任務に背いた」として、井上被告に「県民の期待を裏切り、公社に多大の損害を与えた」と、懲役三年、執行猶予五年、追徴金三〇〇万円、上田被告については共同正犯を認め、懲役三年、執行猶予五年の厳しい判決を言い渡した。初公判以来一二年ぶり。「構造汚職の典型」とする検察側の主張をほぼ全面的に採用し、故野崎元知事らを名指して県と特定業者との癒着を断罪した。両被告のほか河内公社元理事長も起訴されたが、裁判途中の一九八一年一〇月病死した(公訴棄却)。

角栄さんに一歩も引き下がらず

吉原孝司（元滋賀県総務部長、企画部長）

滋賀県土地開発公社問題の解決に向けた県の基本方針は「和戦両様」でしたが、私から言わせれば、あれは「戦と戦」だったですね。一方は裁判所での上田建設グループとの戦い、もう一方は、田中角栄元首相の自宅、目白（東京）での戦いです。相手が違う、やり方が違うだけで、「戦と戦」でした。「和」では手を握ろうと努力するのが普通ですが、武村知事は全然譲らない。ぶれない。角栄さんにとって、こんな扱いづらい相手と接触したのは初めてではないかと思います。

最初のころは、鑑定価格までの引き下げを求める武村知事に対して、角栄さんは「そんなの話にならない」、「契約破棄って、できっこないだろう」といった感じでしたが、そのうち、ものすごく勉強されて、だんだん契約の中身に話が進んでいく。その中で、価格をめぐって妥協案のようなものを示されたこともありました。しかし、知事は検討するともいわない。普通、角栄さんから「これでどうだ」と言われれば、「しょうがない」と引き下がりますね。ところが、知事は一歩も引き下がらないんですよ。

角栄さんはちゃぶ台をひっくり返して怒るのか思いましたが、怒らなかったですね。いつも紙と鉛筆を持ってパパッと計算されるんです。県の主張をベースにして、果たして民間開発ができるかどうか。そのメドを立てるために、自分なりに頭の中を整理されていたのかもしれません。

その意味で、角栄さんの「和」とは何だったのかといえば、単価や契約の問題もありますが、もう一つ重要なのは、民間部門の位置づけでもあったですね。つまり開発を公社と民間の二つに分け、県は鑑定価格でしか買わないし、払わない。公社にその力もない。民間は民間で開発せよ。これが唯一、最高の「和」なんですね。角栄さんは仕方がないというか、そうしてくれたんだと思います。

公社問題に対する取り組みでは、事柄の性質上、相手との接点が多ければ多いほど秘密が保てない。訴訟でも「和」と称する目白との関係においても、情報の漏れることを基本的に警戒しました。公社では副理事長の中島伝吉さんを中心に進めました。中島さんが仕事をするのはいつも夜ですよ。職員に対する指示も県庁からの出向職員ではなく、公社のプロパー職員、中でも信用できる人だけにする。資料作成でもこういう資料をつくれとだけいい、その資料の位置づけや横とのつながりなど全貌が分からないよう努めました。結果として組織をあげてではなく、特定の少人数でコトに当たったということです。

県議会の自民党にとって公社問題はのど元に刺さった骨ですから、知事を中心に陰に陽に嫌がらせがありました。しかし、なんとか県の情報を引き出そうとする圧力、働きかけといったものは、職員にはなかったですね。

「戦」の方は、訴訟で準備書面を裁判所に出した際、記者発表しましたが、「和」の方は本当にまったく表に出さなかったし、報道もされなかった。和解後も目白との関係についての取材もなかった。まったく洩れなかったですね。いつの日か公社問題の解決を目白に頼んだことを公にする段階がくるんでしょうか？　そんなことを武村知事と雑談で話したことを覚えています。

振り返ってみると、県は一九七六年一〇月に「県土地開発公社問題の概要」というレポートをまとめ、県職員を対象に説明会を行いました。私の前任である公社常務理事の佐々木昇さんがまとめたもので、公社事件がいかに空前絶後のまやかしであるかを白日のもとにさらしました。これによって県庁職員は公社問題の真相、複雑怪奇な契約の存在を初めて知り、理解したのです。多くの職員が抱いていた有象無象の心配や、腑に落ちない気持ちは消え去り、解決の方向づけが固まったと感じました。その意味で大変意義あるレポートだったといえます。

期せずして三者が目白を訪ねる

小川暢保（元上田茂行氏秘書、元滋賀県議会議員）

一九七四年の滋賀県知事選を契機に土地問題が表面化し、刑事事件の様相を見せ始めました。上田茂行氏は大学卒業後、政治の道を志して田中角栄先生の秘書になり、一九七二年の衆院選（滋賀全県区）で全国最年少の二五歳で当選しました。その茂行氏にとって、自分がまったくかかわっていない父・上田茂男氏（上田建設社長）の事業について世間から糾弾されることに、政治家として強い危機感を持ち、「親父と対決してでもこの事件を政治家として解決する」ことを公にしていました。しかし、一九七六年の衆院選では落選しました。

再起を期したい茂行氏は落選後、「自分の第一の仕事は土地問題を解決することにある」という強い意志を持っておられました。しかし、そのころ、日本住宅公団に解決を委ねる自民党側の和解の動きが武村知事に拒否され、入院中の茂男氏に逮捕状が出る。そういった一連の動きの中で、県側は和戦両様といいながらも「戦」の方が強く、「和」の話はなかなか進まない。上田側としては解決策を持たない状況に陥っていました。

この事件は、上田茂男氏が事業として起こしたものですが、「土地開発公社との契約に瑕疵《かし》はない。商売人として値段を高くして売るのは当然なのに、なんで公序良俗に反するとかで糾弾されるのか」と、茂男氏はいつも言っていましたね。この批判は最後まで腹におさまらなかった気がします。

茂行氏と私は事業に携わっておりませんでしたので、弁護士や会計士のアドバイスを受けながら冷静に解決の道を模索しました。野崎県政が続いていれば土地価格を含め何らかの落とし所ができていたはずだ。しかし、知事は武村さんにかわり、茂行氏も政治家として敗北した以上、「これは政治事件なんだ」と割り切って考えました。ですから解決の道としては政治解決しかない。ならば、茂行氏が秘書として仕えた師匠の田中角栄先生にお願いするほかないと判断。全面解決する一年前ごろ、茂男氏、茂行氏、私と三人で目白にうかがい、先生に解決を委ねました。

そのころ大手建設会社をたばねる飛島建設の植良祐政会長も田中先生に相談に行かれています。このあと武村知事も目白を訪ねられました。期せずして上田、飛島、滋賀県の三者が田中先生に解決をお願いすることになったのです。私どもは先生に呼ばれ、三週間に一度くらい資料をもって説明にうかがいました。なにも滋賀県の情勢、情報をさぐるために、武村知事の訪問前後に目白に行っていたわけではありません。私どもも飛島も全面的に解決を委ねた立場ですので、先生にああしてほしい、こうしてほしいとは、いっさい申し上げていません。先生からも「県はきついよ」「県のスタンスは厳しい」といった程度の話しか聞いていませんでした。「解決を一任しなかったのは滋賀県だけだ」とおっしゃっていました。「滋賀県というウサギ小屋にゾウは入らんぞ」と、田中先生は笑いながらおっしゃっていました。滋賀県が独自に取り組む開発にしては、びわこニュータウン計画などは規模も事業費も大きすぎる。国が関与すべき事業だという意味ですね。最終的に和解が成立し、公社は鑑定価格で買い取るが、瀬田東部は民間に開発許可を与える。つまり飛鳥・上田側に開発を委ね、将来、開発し、売却して利に結びつける道筋をつけることで解決することになったのです。この解決案は、公の立場と民間の立場のバランスをとった田中先生以外には考えつくことができない案でした。

茂男氏は大反対でした。「県だけがメンツの立つ解決だ。絶対だめだ。ハンコは押すな」と大変な剣幕でした。しかし、公の立場も理解し、上田グループの将来も考えたうえでの茂行氏の解決に取り組む姿勢、決断はすごいものでした。すでに大和不動産・伊吹建設の社長として茂男氏から事業を引き継いでおられたので、自らの判断で実印を押されたのです。茂男氏は最終的にそれを黙認され、解決後、事業を二人の息子に譲り、身を引かれました。

全面解決する直前、茂行氏と私は合意に向けた事務的な詰めの協議に臨んでいました。マスコミの目もあるので県土地開発公社に三日間、雑魚寝して折衝していました。そのとき、田中先生から私どもに電話がかかってきました。茂行氏に何を話されたかは承知していませんが、私には「どうしても納得いかなかったら、調印することはないぞ」と言われました。今でもはっきり覚えています。

田中先生の武村知事に対する評価は大変高いものでした。「いずれ国政に出てきて日本を動かす一人になるだろう」とおっしゃっていました。

第四章　よみがえれ琵琶湖——歴史に残る水環境政策

　琵琶湖の汚染はすっかり常態化している。滋賀県の一九七八年度琵琶湖水質調査結果によると、琵琶湖の透明度は観測史上最も悪く、不透明湖の様相を見せる一方、赤潮に象徴される富栄養化のバロメーター、窒素・リンの濃度もさらに高まり、汚濁が一段と進む。琵琶湖の水質悪化は、低成長時代に入ったこともあって、七一、二年をピークに一進一退を続けていたが、前年度調査から見え始めた再悪化の兆しが顕著になってきた。

「琵琶湖はあと何年持ちますか」

一九八四年に司馬遼太郎先生と大津市堅田の料亭・魚清楼で、琵琶湖を眺めながら対談する機会がありました。そのとき、司馬さんは私にこんなことを話されました。

滋賀県で盛り上がった粉せっけん運動は、

「日本の歴史に残る住民運動ですよ」と。

非常に印象深く残っています。さらに、こんな会話もありました。

「武村知事さん、琵琶湖はあと何年もちますか」

一瞬、戸惑う私に、

「五〇〇年もちますか」と、たたみかけてこられた。

私は本能的に

「いやあ、五〇〇年もたないと思います」。

「そうでしょうね。あと一〇〇年もつでしょうか。私たちが住んでいる京阪神も、日本の国全体ももたないかもしれませんね」

司馬さんの問いかけは、今の日本とその背後をじっと見つめる中で、このままでは日本は滅びるという思い、強い危機感から発せられた。琵琶湖問題の意識もそこにあったのでしょう。琵琶湖の汚濁はどんどん進み、経済発展の犠牲になっている。その司馬さんの認識が、「粉せっけん運動」の歴史

郵 便 は が き

お手数なが
ら切手をお
貼り下さい

5 2 2-0 0 0 4

滋賀県彦根市鳥居本町655-1

サンライズ出版 行

〒
■ご住所

■お名前《ふりがな》　　■年齢　　歳　男・女

■お電話　　■ご職業

■自費出版資料を　　希望する ・ 希望しない

■図書目録の送付を　　希望する ・ 希望しない

サンライズ出版では、お客様のご了解を得た上で、ご記入いただいた個人情報を、今後の出版企画の参考にさせていただくとともに、愛読者名簿に登録させていただいております。名簿は、当社の刊行物、企画、催しなどのご案内のために利用し、その他の目的では一切利用いたしません（上記業務の一部を外部に委託する場合があります）。

【個人情報の取り扱いおよび開示等に関するお問い合わせ先】
サンライズ出版 編集部　TEL.0749-22-0627

■愛読者名簿に登録してよろしいですか。　□はい　□いいえ

ご記入がないものは「いいえ」として扱わせていただきます。

愛読者カード

ご購読ありがとうございました。今後の出版企画の参考にさせていただきますので、ぜひご意見をお聞かせください。なお、お答えいただきましたデータは出版企画の資料以外には使用いたしません。

●書名

●お買い求めの書店名（所在地）

●本書をお求めになった動機に○印をお付けください。

1．書店でみて　2．広告をみて（新聞・雑誌名　　　　　　　　　　）
3．書評をみて（新聞・雑誌名　　　　　　　　　　）
4．新刊案内をみて　5．当社ホームページをみて
6．その他（　　　　　　　　　　）

●本書についてのご意見・ご感想

購入申込書

小社へ直接ご注文の際ご利用ください。
お買上 2,000 円以上は送料無料です。

書名	（　　　冊）
書名	（　　　冊）
書名	（　　　冊）

的評価、琵琶湖の寿命「一〇〇年」観につながっているのだと、私は心に刻みました。

一九七七年五月二七日、琵琶湖で大規模な赤潮が発生した。発生水域は大津市の浜大津から真野浜、北小松など南湖から北湖に及んだ。浜大津から由美浜一帯では、長さ三・五キロ、幅一〇〇～二〇〇メートルにわたって湖面が茶褐色に変色、磯くさい（魚くさい）臭気が漂ったという。この赤潮は翌二八日、湖流で移動、拡散した。濃度は薄められたが、大津市島の関の琵琶湖文化館沖など六カ所で確認された。琵琶湖では一九七五年六月、彦根沖などで小規模な赤潮が数回確認されているが、これほど広範囲にわたるのは例をみない。

赤潮発生で広がるせっけん運動

粉せっけん運動は、実は私が知事になる前からすでに始まっていました。合成洗剤の使用をやめよう、粉せっけんに切り替えようという呼びかけです。この運動は当初、どちらかといえば健康問題に力点を置いて全国的に進められていた。石油を原料にした合成洗剤による主婦や子どもの肌への影響、赤ちゃんのおむつかぶれといった問題意識から粉せっけんを使う運動が広がり出していたのです。そこへ琵琶湖に赤潮が発生した。この非常事態を境に、運動は一気に琵琶湖汚染、環境の視点に移り、合成洗剤追放と粉せっけん使用運動に火がつき、燃え盛って行ったのです。

今思い出すと、当時の粉せっけんはリンの入った合成洗剤に比べて、価格は一割ほど割高。洗濯の仕方も冷たい水だと汚れが落ちにくく、冬にはお湯を使う方がいいとか、洗った後、洗濯機にべったりとついた垢《あか》をとる作業も待っている。

要するに購入費が増え、手間ひまも相当かかる。合成洗剤の方がはるかに楽です。その意味では、「不便なものに戻ろう」という運動ですので、いくら琵琶湖のためとはいえ、面倒のかかるものへの切り替えは大変です。粉せっけんを使い始めても直ぐやめてしまう主婦が少なくなかったですね。この運動が県内に広がるのは容易なことではないなあ、との思いがありました。

しかし、各種婦人（女性）団体や県民が熱心に活動してくれました。「せっけんおばさん」が何人も誕生して、あちこちの街角で洗濯機を持ち出して粉せっけんの講習会を始める。みなさんボランティアですが、隣近所の奥さんを集めてやるのです。「ほら、粉せっけんの方が落ちがいいでしょう」、「垢はこうやって取るんですよ」と実演で手ほどきする。みなさん一生懸命で、琵琶湖の周りでは家庭の主婦一人ひとりが参加するかたちの粉せっけん普及運動が澎湃《ほうはい》と広がりました。「せっけんおばさん」の活動はその象徴です。

おかげさまで、粉せっけんの推定使用率は、五％から一〇％になり、さらに二〇％と上がっていきました。私が問題提起したころには三〇％を超えていました。三〇％とは一〇〇に対して三〇ですので、まだたいしたことはないとの見方もできるかもしれません。しかし、実は県内三〇万世帯の三分

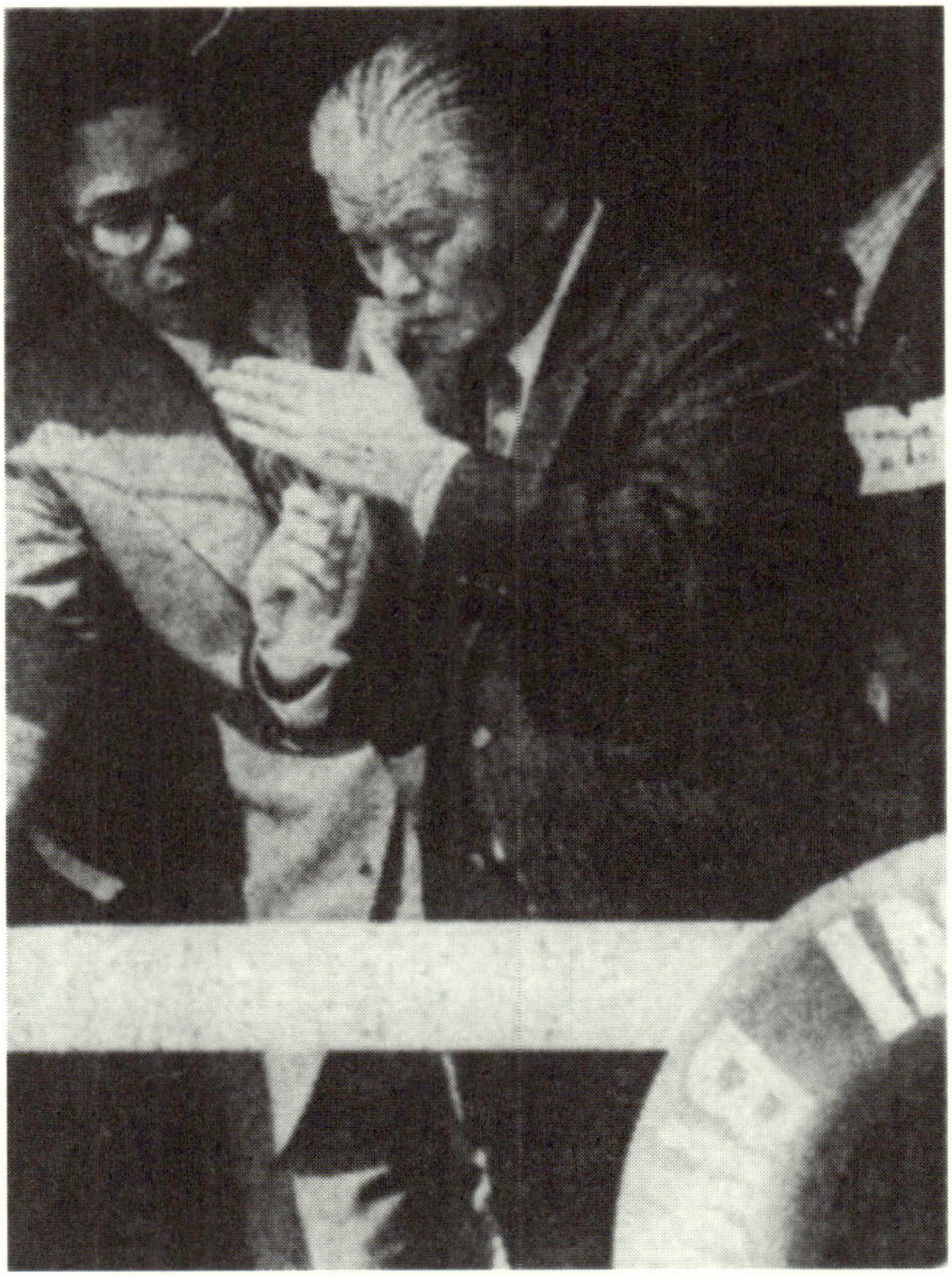

琵琶湖の赤潮を大平正芳首相に説明する武村知事（左）
（京都新聞 1980 年 5 月 25 日付）

の一に当たる一〇万世帯が自発的に粉せっけんを使ってくれている。値段は高く、手間ひまもかかる毎日の洗濯の手段を切り替える。それはすさまじいことです。ほんとうに頭の下がる住民運動です。「〇〇反対」とか、どこかの企業あるいは政府のやることに「けしからん」とクレームをつけデモする住民運動、誰かをやっつける住民運動とはまったく違う。自分たちが日々慣れ親しんだ合成洗剤をやめる住民運動です。滋賀県民の琵琶湖に対する思いが運動を支えたのでしょう。これこそ「自治の運動」という感じを強く持ちましたね。

最終的には粉せっけん普及率は五〇％を超えて七〇％近くまでいったのではないでしょうか。しかし、この延長線上で一〇〇％までいくのは無理だと思いました。住民運動だけで県内の全世帯が一軒残らず合成洗剤を粉せっけんに切り替えることはあり得ない。そうすると、粉せっけんの普及率はどこかの時点でヤマを迎えて、その後じわじわと下がって行くかもしれない。ここは行政が出動しなければいけない。まさに県の出番だと判断し、琵琶湖富栄養化防止条例（琵琶湖条例）制定の決断に結びついていったのです。

　県が一九七九年三月に公表した洗剤アンケート調査（一九七八年一一月実施）によると、粉せっけんを主として使っている人は三二・三％で、前年の九％（推定）から大幅に増え、合成洗剤から粉せっけんへの切り替えは順調に進んでいる様子がうかがえる。中でも南湖地域に限ってみれば四七・八％という半数近い高率。「三年間で五〇％以上」の目標に、一年で手の届くところまでこぎつけている。

この琵琶湖の粉せっけん運動は、その後、霞ヶ浦（茨城県）、諏訪湖（長野県）、瀬戸内海などの住民運動に広がって行きました。全国的な視点、スケールでみても大きな影響を与えた住民運動だった思います。ポーランドの女性調査団が来県したとき、知事室でこの話をしましたら、団員の中に「知事さん、これは愛国運動ですよ」と言った女性がいましてね。そうか、愛国主義、愛国運動とはこうした運動なんだ、日の丸・君が代だけの話じゃないのだ、そのとき認識させられました。

汚濁対策は待ったなし

琵琶湖の赤潮は、局部的には私が知事になる前すでに発生していたようです。あまり世間には知られていませんでしたが、一部の学者の間で関心を集めていました。しかし、一九七七年五月に起きた赤潮は、その規模、変色具合、臭いの面でかつてない発生でした。私は県の職員の知らせで現場へ走りましたが、浜大津の湖岸から坂本あたりまでかなり広範囲に変色している。南湖の半分以上のスケールで日ごろ青い湖面がすっかり赤茶けていました。それに変な臭いも漂っている。生魚のような臭いですね。その意味で視覚と嗅覚で琵琶湖が異常な事態にあることを体感せざるをえませんでした。ここから私の琵琶湖問題への取り組みが始まりました。

赤潮対策ともいうべき琵琶湖の汚濁対策は、もう「待ったなし」でした。そのことを裏付けるように、赤潮は毎年繰り返し、繰り返し発生する。年によっては一、二カ所、ひどい年には南湖から北湖にかけて八カ所で変色する。北湖では竹生島の周辺にまで及ぶなど一挙に琵琶湖全体で点々と出現する事態になりました。発生規模は天候や気温によって違いはありましたが、こうした状態が一〇年近く続いたのではないでしょうか。

大平正芳首相が来られ、琵琶湖を視察されました。たまたま乗船していた船が南湖から北湖に抜けたとき、突如、目の前に赤潮が出現して、大平首相が「これが赤潮か」と思わず声を上げられたのを今でもよく覚えています。もう琵琶湖は毎年赤潮が発生する湖になってしまいました。

一九八〇年五月二四日、琵琶湖でこの年第一号の赤潮が発生した。ちょうど滋賀県入りした大平正芳首相は訪問した県庁で、武村知事から「ぜひ赤潮を見てください」と迫られ、予定していた琵琶湖の視察コースを変更し、船で赤潮発生現場に急行した。大津市下阪本沖から雄琴沖を経て北湖を約一時間にわたり見て回り、異臭を放つ赤茶色の水帯に「すごいなあ」と驚いた様子。視察後の記者会見で、大平首相は「赤潮を目の当たりに見てショックだった」。

赤潮発生のメカニズム解明

では、赤潮はなぜ発生するのか。赤潮には潮という言葉が使われるように、潮水で起こる異常現象だと思っていましたので、それが淡水湖の琵琶湖で起きること自体驚きでした。その後、調べてみると、アメリカの五大湖はじめ世界の多くの湖で赤潮現象が点々と起き出していたようです。結局、富栄養化といわれる栄養塩類が湖で増えると、プランクトンが異常に繁殖して、湖面が赤くなるという現象が起きることが分かってきました。

中でも、栄養塩類の窒素とリンの増加に鉄やマンガン、ビタミンB_1といった物質がかかわって発生することが明らかになってきました。そこへ天候など自然の要素も加わって、プランクトンのウログレナ・アメリカーナがわーっと繁殖したということです。

大平首相は「人間の肥満体と一緒だね、武村さん」とおっしゃった。そして「人間も太り過ぎ、栄養の取り過ぎはよくないよ。琵琶湖も栄養過多。それが赤潮なんだ」と。まさにその通りで、琵琶湖は富栄養湖になっている。貧栄養湖は澄んでいて、きれいですが、富栄養湖は濁っていて、異常現象がしばしば起きる。赤潮はその最たるものですが、それだけでなく藻の異常発生など生態系にさまざまな変化を起こさせています。

一九七八年六月、琵琶湖富栄養化の主因である合成洗剤の使用削減について審議していた県合成洗剤対策委員会（会長・小倉栄一郎滋賀大学教授）は、「リンを含む洗たく用合成洗剤の使用を減らし、粉せっけんに使用転換図る必要がある」と武村知事に提言。翌一九七九年に入ると、県水質審議会（会長・玉置保大阪経済大学学長）が、琵琶湖の水質をこれ以上悪化させないために、一九八五年度時点の目標水質を設定。これを達成するために全国にさきがけて総合的な窒素・リン規制を求めた。

赤潮の犯人、窒素・リン規制へ

琵琶湖の赤潮の犯人が窒素、リンとなってくると、この両方にアプローチして削減していかなければならない。しかし、どちらかといえばリンの方が取り組みやすいということで、県はリンの「五割削減」、そして窒素も「三割削減」という目標を立てました。これを実現すれば琵琶湖は赤潮のない状態に戻るだろうと判断したのです。この中で、リンの汚濁負荷の割合は、家庭が四八％と半分近くを占め、あとは工業、農業になります。特に家庭から流れ出る雑排水にはリンの入った合成洗剤がかなりの割合を占めていることがはっきりしてきました。

リンを減らす作戦は、あらゆる分野を対象に総合的に取り組む必要があるとの観点から論議を進めるうちに、この際、有リン合成洗剤に的を絞って、その使用を琵琶湖流域で全面禁止する発想が出てきました。

資本主義経済の中で、全国で自由に販売が認められている商品です。これを滋賀県だけに特別な理由があるにせよ、販売を禁止することは果たして許されるか。まさに憲法が保障する「営業の自由」に抵触するのではないか。白熱した議論が始まりました。確かに憲法は財産権や「営業の自由」を保障していますが、そういった私権には必ず「公共の福祉に反しない限り」とか「公共の福祉に適合するように」という条文がついている。つまるところ「財産の自由権」と「公共の福祉」のバランスの問題なのですね。

琵琶湖は病んで赤潮が発生し、水が飲めなくなるかもしれない危機的な状況を迎えています。この琵琶湖を救うことは最も大事な「公共」です。私たちの琵琶湖を守るために一定の私権の制限は許されるのではないか。こうした論理構成で関係省庁などに相談した結果、総合的な富栄養化防止対策を講じる一環として、有リン合成洗剤を禁止することに最終的にいたしました。それも有リン合成洗剤の販売も使用も贈答も禁止する厳しい条例を制定することに決めました。一九七九年八月のことです。

富栄養化防止条例案の提案

私は、富栄養化対策として有リン合成洗剤の規制を検討し始めた一年前、二つ条件を提示して条例制定に踏み込みました。その条件は、自分に課した意味もありますが、粉せっけん普及率が五〇％を超えることが一つ。いま一つは県民の三分の二以上、七〇％近い人が賛成してくれること。この二つの条件がそろえば、具体的に有リン合成洗剤を規制する条例制定を考えますと、記者会見で発言しました。大体その方向に行くだろうと思っていましたが、事実、その条件を満たす状況になり、一九七九年の九月県議会に琵琶湖富栄養化防止条例案を提案する運びになったのです。

条例の制定を相談した各省庁はあまり乗り気ではなく、素直に賛成しませんでしたね。その理由は、合成洗剤と赤潮との因果関係が科学的に立証できるのかという点と、憲法の「営業の自由」の原則に触れるのではないかという二つの問題が投げかけられました。自治省（現総務省）も環境庁（現環境省）そして通産省（現経済産業省）も条例制定に賛同する意見は出ませんでした。頭から「反対」とか「けしからん」とは言いませんでしたが、「いろいろ疑義がありますね」、「問題がありますね」といった感じで終始、慎重な姿勢でした。

私は、やはり法的に詰めなければ前に進まないと思い、内閣法制局に相談することにしました。自治省から出向している知り合いの部長と次長がいましたので、二人に出会って「いい知恵はありませんか」と投げかけました。二人の法制局幹部は、かなり時間をとって、いろいろ考えてくれました。そして「私個人の意見ですよ」と断って、サゼッションしてくれました。

その知恵とは「琵琶湖の総合的な富栄養化防止対策を農業も工業も含めて講じる一環として、有リン合成洗剤を規制する位置づけで条文化されれば、『公共の福祉』の意味で可能ではないですか」という示唆でした。私は、その見解にすがりついた感じでした。

県琵琶湖富栄養化条例案は、全国で初めてリンを含む合成洗剤の販売から使用、贈答までの禁止と、工場・事業場の窒素、リン排出規制の実施が柱。ほかにも農業肥料の適正使用と農業用水の管理、家畜糞尿、家庭雑排水の適正な処理なども盛り込んだ窒素、リンの総合的な削減条例だ。禁止事項に違反した場合、工場・事業場、販売業者には罰金（一〇万円以下）を科す厳しい内容。

洗剤工業会は条例に猛反対

猛反対の日本石鹸洗剤工業会は必死でした。何しろリンを含む合成洗剤は主力商品ですからね。花王やライオンなど洗剤メーカーにしてみれば、たとえ滋賀県という一部地域でも規制の動きが始まると、いずれ全国に広がるのは目に見えている。それだけにメーカー各社はあげて県の動向に関心を持ち、早々と反対の意見表明をしました。

洗剤工業会は赤潮発生の科学的根拠と憲法上の疑義の二つを理由に掲げて反対活動を展開しました。もし滋賀県が条例を制定すれば憲法違反で訴訟するとまで明言していました。琵琶湖ホテルに「対策本部」置いて、ダイレクトメールをあちこちに送るなど大々的な反対キャンペーンを始め、有力者への個別訪問までして反対を訴えていましたね。

そのとき、怖いなあと思ったのは、メーカーとマスコミの関係ですね。新聞もテレビも週刊誌も広告主として洗剤メーカーは大事な存在です。広告主が「条例反対」を言い出すと、マスコミがビビり出す。まだ全体がビビっている空気ではなかったのですが、一部の週刊誌に滋賀県を批判する記事が出始めました。洗剤工業会がマスコミ対策に手をつける前に勝負は決まりましたが、本気で広告媒体がマスコミに手を入れ始めると、かなりの影響は免れない。怖いな、という雰囲気を感じました。

勝利の女神は住民運動の盛り上がり

石鹸洗剤工業会は体を張ってつぶしにかかったのでしょう。立派なパンフレットを作ってね。彼らは反対活動や情報収集をしながら県の動きを見つめていました。ほんとうにピリピリしていましたね。最後はやはり県民が有リン合成洗剤の規制を幅広く支えてくれた、県の条例化の動きをサポートしてくれたことが決め手ですね。それが県議会にも影響して、最初はあれこれ言っていましたが、最後は満場一致で修正なしで通りました。県民が、それも家庭の主婦だけではなく経済界の人も労働界の人も、そして学生のみなさんも幅広く賛成してくれた。県民の幅広い世論の盛り上がりが、石鹸洗剤工業会との戦いに勝てたのだと思います。

工業会も滋賀県にけんかを売る一方で、じっと民意の底流を見つめながら一生懸命に無リン合成洗剤の研究開発をやっていました。あとで知ったことですが。琵琶湖条例案の県議会通過後、すかさず無リン洗剤の販売を始めましたし、憲法訴訟はやめるとも発言しました。鮮やかに、さっと切り替えましたね。司馬さんがおっしゃった粉せっけん運動に象徴される損得抜きの琵琶湖を思う県民の気持

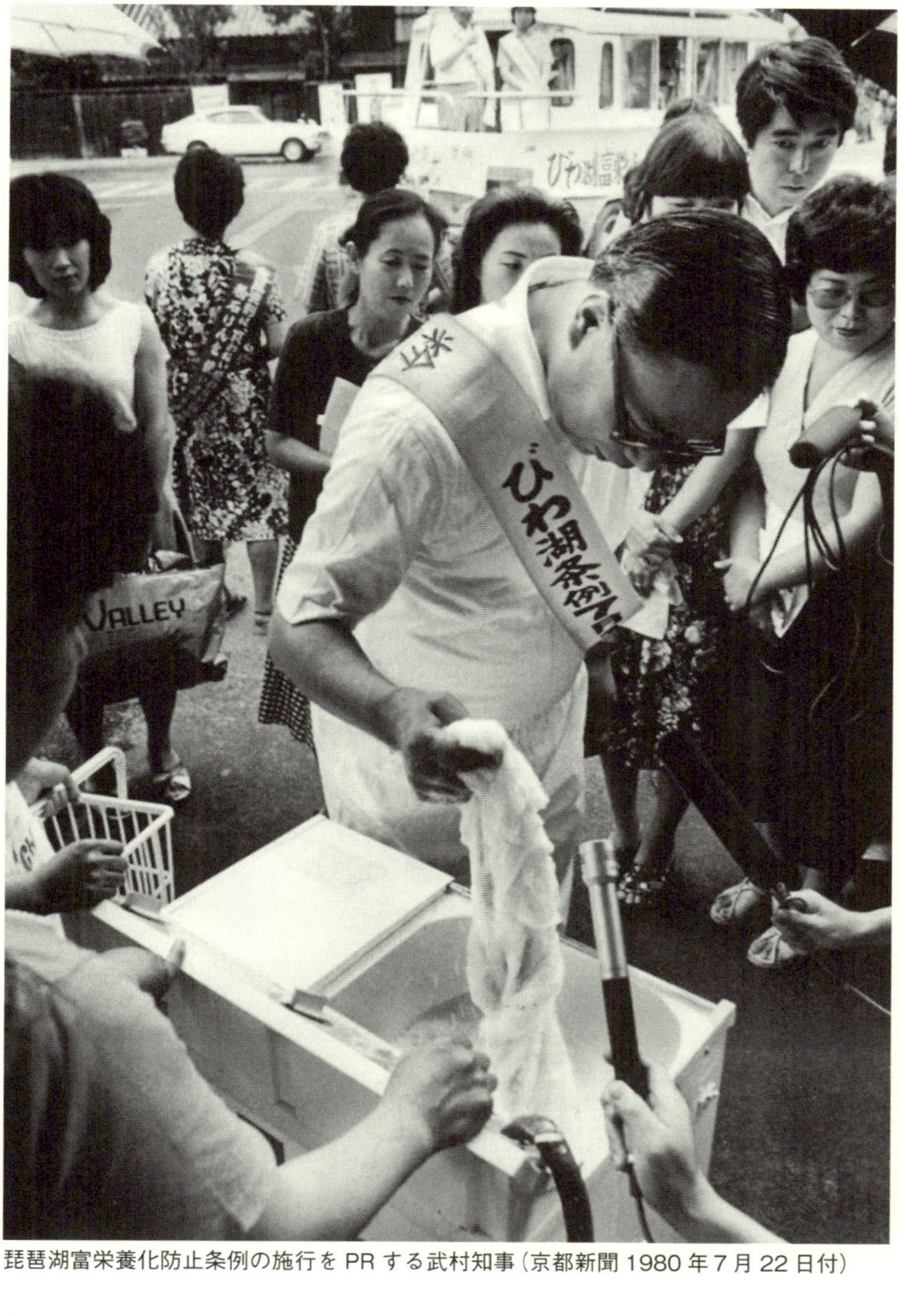

琵琶湖富栄養化防止条例の施行を PR する武村知事（京都新聞 1980 年 7 月 22 日付）

ちが、県民世論、住民運動の高まりにつながっていきましたので、洗剤メーカーも脱帽したのではないでしょうか。

県琵琶湖富栄養化防止条例案は一九七九年九月一四日、県議会に提案。武村知事が提案説明で「（条例は）自治と連帯の芽を育てながら、県、市町村、住民、事業者が一体となって、近畿一三〇〇万人の飲料水源を守り、きれいな琵琶湖を次代に引き継ぐことを決意し、その長い道のりの第一歩として制定する」と宣言した。しかし、審議では窒素、リンと富栄養化の因果関係や法解釈などをめぐって難航、異例の大幅会期延長の末、一〇月一六日の最終本会議で全会一致で成立した。翌一七日公布、八〇年七月一日から施行された。

県庁の総合力のたまもの

条例化に当たって、アメリカの五大湖の一つ、エリー湖周辺の自治体が有リン合成洗剤を禁止した例があるといった情報は入っていました。統一前の西ドイツ政府による有リン合成洗剤の製造禁止が議会で論議を呼んでいることもちらっと聞いていました。実現はしませんでしたが、こうしたアメリカやドイツの動きに勇気づけられましたね。

まあ、ユニークな発想とも言えますが、よく考えれば当たり前の発想です。琵琶湖という巨大な自然を抱える滋賀県が、赤潮発生という異常事態に直面して、素直に出した固有の政策こそ、憲法がうたう「地方自治の本旨」にかなうものです。まさに「自治」です。憲法が示す「公共の福祉」の原則に当てはまるという信念みたいなものがありました。だから何か新しい試みに挑戦する場合、憲法の原則を踏まえて考え方を整理すれば、結構、分かりやすい結果が出せるのではないかと思います。

地方自治体の政策は首長の姿勢と判断、行動力にかかっていると言っても過言ではありません。その意味で知事はまさにトップであり、政治構造としてありがたい存在です。正常な判断をしている限りは、他の組織より威令は行われやすい。上下関係もはっきりしているので、侃々諤々《かんかんがくがく》の混沌とした果てしない議論が起きにくいところがります。いくら部長会議をやっても、部長の人事権を握っている知事が部下を集めて議論をしているのですから、知事がこうしたい、ああしたいと言えば、質問はあったとしても、知事がてきぱき答えていると、混乱しません。

琵琶湖条例の制定では、議論はありましたし、いろいろ質問も出たと思います。しかし、反対意見はなかったですね。野崎県政、知事選のしこりを残していた滋賀県政でしたが、この新しい事態へのアプローチには、県幹部は総じてスムーズに協力してくれました。琵琶湖に対する思いは割合共通していたのかな。県議会の自民党内には、いろいろ議論がありましたが、県庁幹部、関係部課長は走り回っていました。体を張ってがんばってくれました。なんでもかんでも知事が動いたわけではありません。この新しい政策に職員のみんなが参加している、そんな感じがありましたね。県庁の総合力のたまものです。

広がる琵琶湖の政策

琵琶湖政策は、年を追ってみてみると、琵琶研究所の設立、学習船「湖《うみ》の子」の建造、世界湖沼会議の開催、さらに琵琶湖総合開発の改定など割合にぎやかでした。

一九七七年初夏、琵琶湖で大規模な赤潮発生を受けて、京都大学農学部の門田元先生を中心に幅広い専門家を集めたチームをつくり、赤潮の学問的な解明、富栄養化への学問的アプローチを始めてもらいました。その議論が進む中で、すぐ私が気づいたのは、琵琶湖にはさまざまな課題があり、学問的に未解明の分野がまだまだ多い。解明されている分野があっても点々としていて、横のつながりがなかったり、体系化されていなかったりして、まとまった琵琶湖政策を打ち出すだけの学問的な土壌ができていないということでした。

ユニークな琵琶湖研究所の創設

これから本格的に赤潮、富栄養化問題に取り組んでいこうとすればするほど、科学的な知見、学問的な詰めの大事さを痛感し、琵琶湖そのものの研究所をつくる必要があると思いました。これは琵琶湖条例をつくった発想と同じで、滋賀県だから考えられる、県独自のシンクタンクの創設です。何の法律的根拠もありませんが、滋賀県ならではの研究所という発想で、「琵琶湖研究所」を思いついたのです。

私は一九七六年に県の文化行政への提言を得るために「湖と文化の懇話会」をつくり、意見交換してもらっていました。そのメンバーの一人であった、当時、関西の「知」のリーダーともいうべき国立民族学博物館館長の梅棹忠夫先生のところへ、「琵琶湖研究所をつくりたい。どうでしょうか」と相談にうかがいました。梅棹先生は「それはいいことだ」と賛成してくださって、「その所長なら吉良君がいいよ」と、即座に吉良竜夫先生の名前が飛び出しました。そのとき、私は吉良さんを存じ上げていなかったのですが、大阪市立大学理学部教授で、日本生態学会会長を務めておられ、滋賀県にも関係の深い方でした。それで梅棹先生に説得していただいて、吉良さんを初代所長にお迎えすることができたのです。

大津の琵琶湖畔に、往時をしのんで黒がわらに白壁という蔵屋敷風のユニークな研究所が完成したのは一九八二年一二月でした。県独自の琵琶湖シンクタンクが名実ともに誕生しました。大学の研究所ではないので、なるべく県の政策に生かせる研究をしてほしいとお願いしました。それをあまり強調し過ぎると、研究所のスタッフは嫌がるのですが、琵琶湖の研究にからむ情報を収集・整理していただくだけでも大きな意味があると考えていました。

当時、研究スタッフに、現在滋賀県知事の嘉田由紀子さんが応募されていました。新しく一〇人あまりのスタッフができたとき、私は知事主催の歓迎会を開きました。嘉田女史が研究員の一人としてさっそうと登場されていたのをよく覚えています。
創設時、こうした研究所は、時の流れによって、ともすると「何にも役に立っていない」と軽視されたり、財政状況が厳しくなると、廃止とか縮小の羽目に陥ったりする可能性は多分にあることは想像できました。だから根気よく研究を継続していただくために「琵琶湖研究基金」をつくり、総額一〇億円をポンと積むことにしました。しかし、知事が代わっていく中で、研究所は県立衛生環境センターの環境部門と合体され、建物も取り壊されました。琵琶湖研究所のイメージはすっかりなくなりました。滋賀県の新しい顔の一つだっただけに残念です。

滋賀県立琵琶湖研究所は一九八二年四月に発足した。琵琶湖と人間のかかわりを学際的に研究・企画開発することによって、琵琶湖の全容を解明するユニークな自治体研究所。初代所長に日本生態学会会長の吉良竜夫氏を迎え、研究者一〇人、職員七人でスタートした。全国に散らばり、埋もれる琵琶湖関係資料の収集・提供や独自研究などを進める。研究所の建物は同年一二月に大津市打出浜の湖畔に完成した。鉄筋コンクリート三階建て、延べ三〇〇〇平方㍍の規模。近世、湖上・陸上交通の要衝にあった大津は、商業都市として栄え、多くの蔵屋敷が立ち並んでいた。研究所のデザインは往時の黒がわら、白壁の蔵屋敷姿をイメージした。完成式で吉良所長は「一つの湖と集水域を一括して研究対象とする研究所は世界で珍しい。琵琶湖の自然、貴重な水資源を保全するため全力をあげたい」と誓った。

琵琶湖に浮かぶ学校「湖の子」就航

もう一つ。琵琶湖問題を一過性の議論に終わらせてはいけない。将来にわたって県民に琵琶湖に対する思いを引き継いで行っていただきたい。さまざまなテーマに対し真剣に連綿と取り組んで行ってもらわなければならない。そのことを考えると、大事なのは教育です。教育の現場でいかに琵琶湖問題を啓発していくか。早くから気がついていて、最初は琵琶湖に関する副読本をつくり、県内すべての小中学校に配布しました。どの程度使われたかは分かりませんが、それがスタートでした。

そして、いろいろ考えるうちに思い浮かんできたのが「琵琶湖に浮かぶ学校」をつくることです。これこそ世界のどこにも見本がない。県内のすべての子どもが一度は乗り込んで、琵琶湖を学び、体験する。そのための学習船を建造しました。名付けて琵琶湖フローティングスクール「湖の子」。私の命名かな。一九八三年夏に進水し、翌八四年四月から正式に運行を始めました。以来、県内の小学校五年生全員が「湖の子」に乗って、一泊二日の琵琶湖体験学習を行っています。

副読本より価値がありますね。すでに何十万もの子どもたちが乗っているようで、すっかり定着しています。最近では、少子化で子どもが減ってきたことも影響しているのか、余裕があるときは、希望する京都や大阪の子どもたちも乗船し、学んでいると聞いています。

琵琶湖フローティングスクール「湖の子」は、学童の夢を乗せて一九八三年九月就航。全長六五メートル、船幅一二メートル、四層造りで、九〇〇トン。滋賀県が独自に一三億八〇〇〇万円かけて建造した湖国にふさわしい学習船。「琵琶湖のように大きくて、強くて、深くて…そういう人間に育ってほしい」との願いを込めて「湖の子」と命名。県内の小学校五年生全員を対象に琵琶湖の自然観察のほか、カッター操作を学んだり、甲板清掃を行ったりする。

世界湖沼環境会議の開催

琵琶湖の知事として湖沼への関心は人一倍強くなっていきました。世界に出ていく機会があるときには、必ずその地域の湖を訪ねます。全国知事会などで出張したときも、そこの湖を見て回ることにしていました。おかげさまで、個人的な旅行も含めて世界のおもな湖を見て回り、学ぶことも少なくなかったですね。

例えば、スイスやスウェーデンなどの湖では、早くから富栄養化対策に取り組んでいて、スウェーデンでは、富栄養化対策は卒業しましたと胸を張るところもありました。かつては赤潮やアオコがかなり発生したようですが、リンの汚濁負荷を徹底的に抑えることで、富栄養化現象はなくなったという。藻の異常な繁茂もすでに卒業した湖があることも知りました。

その一方で、アメリカとカナダにまたがる五大湖では一部で富栄養化が起きている。ロシアのバイカル湖でもそうでした。インドネシアやアフリカ、中国など当時の途上国では、汚濁がどんどん進ん

36950号　京都新聞（夕刊）　昭和59年(1984年)8月28日　火曜日

人と湖 共存の道探る

'84世界湖沼会議開会式

健やかな心回復を

武村知事あいさつ

内外の1200人参加　実質討議入り

「人と湖の共存」をテーマに、「'84世界湖沼環境会議」（滋賀県、総合研究開発機構主催）は、二十八日午前十時から琵琶湖畔の大津市民会館に、皇太子ご夫妻をお迎えして内外の科学者・住民ら約一千二百人が参加して開会式を行った。式のあと、M・K・トルバ国連環境計画事務局長ら三氏が、会議のバックボーンとなる基調講演を行い、実質的な討議に入った。（8面に関連記事）

世界湖沼環境会議開会式であいさつする武村知事

開会式では、大会会長の武村正義滋賀県知事が「私たち、そして次の世代のために内外から参集いただいた皆様に感謝します。湖沼環境問題を克服するため水と人間との新たな調和への道を探り出すには知恵を交換し合い、貴重な経験を学び合う必要があると考えました。美しい自然環境を取り戻すには私たち自身が健やかな心を回復しなければなりません。環境問題による生存の危機に直面しているが、人類はこれを切り開く英知を持っていると信じます」とあいさつ。下河辺淳総合研究開発機構理事長も「日ごろの悩みや苦労など、きたんのない意見交換で大きな成果を」と、参加者に呼びかけた。

このあと大会名誉会長の永井道雄国連大学学長特別顧問の式辞に続いて、皇太子殿下から「会議によって湖沼のあり方に展望が一層開けてくるものと願っています」とお言葉があった。また地元の山田豊三郎大津市長らから歓迎のあいさつがあって式典を終わった。

引き続き十一時から基調講演に移り、まず、トルバ氏が「発展途上世界における湖沼保全」のテーマで登壇し人類の依存度が高まっている湖沼環境を守るため「総合的環境管理のアプローチが必要」と力説した。

午後には、K・ブールマン・スイス国立工科大名誉教授が「湖の富栄養化―この生態学的変化は制御可能か」、また吉良竜夫滋賀県琵琶湖研究所長が「琵琶湖・水・日本人」と題してそれぞれ講演した。

「人と湖の共存」をテーマとした「世界湖沼環境会議」の開会式
（京都新聞 1984 年 8 月 28 日付）

でいる湖が多い。トイレの水をすべて湖に流している国も珍しくない。湖の水質悪化が急速に始まっている。琵琶湖よりもっと水質が悪化しているところがたくさんありました。

世界には何万もの湖があります。それぞれ抱える環境問題はさまざまですが、多くの湖が飲料水源となっているだけに、汚濁の進行する事態に直面して心配している。「このままではいけない」という危機感を持っている。私は視察を通じて強く感じました。そこから世界湖沼環境会議の発想が生まれました。

私たちは琵琶湖で試行錯誤をしながら新しい取り組みを始めています。お互い苦労している湖の関係者が一堂に会して、失敗や成功の経験を語り合うだけでも意味があるのではないか。そこに学者・専門家も入って学問的な立場からもいろいろ議論してもらう。住民運動の代表も参加して意見交換する。こうした学者・行政・住民運動の三者が集まった幅広い「湖の国際会議」を開いてはどうだろうと考えたのです。

とはいっても国際会議の開催は、簡単に思いつきだけではやれません。やはり国連の協力が必要だと思い、国際的な環境問題を担う国連環境計画（ＵＮＥＰ）に相談することにしました。本部はアフリカ・ケニアの首都ナイロビにありましたので、モスタファ・カマル・トルバ事務局長に会いに行きました。この人はエジプトの外務大臣を務めた有能な政治家で、当時、〝ミスター環境〟の異名をとどろかせていました。そのトルバさんに協力を要請しました。

「私ども滋賀県は日本で一番大きい湖である琵琶湖を抱えていますが、その琵琶湖は今、赤潮が発生して四苦八苦している。世界の多くの湖も病んでいる。そこで世界中の湖の代表が集まって貴重な経験を交換する機会として世界湖沼環境会議を開きたい。第一回は滋賀県の責任で開く。日本国の一地方自治体に過ぎないが、湖を所管している地方政府が主催するのが最もふさわしいと思っています」と説明しました。

トルバさんは、机をたたいて喜んでくれました。「それは素晴らしい。知事さん、それは私がやらなければならない仕事だ。国連が本来やらなければならない仕事だ。今初めて聞いたが、日本の自治体がやってくれるなら、全面的に賛成し、応援する」と。「私も行って演説する」とまで約束してくれました。

国連のバックアップも決まった。ＵＮＥＰがあちこちに手を広げてくれたこともあって、世界の多くの国が参加してくれることになった。日本政府も開催を了解し、一九八四年八月、「第一回世界湖沼環境会議」が大津市で幕を開けました。皇太子ご夫妻をお迎えして、晴れやかに開会式を行いました。トルバ事務局長に基調講演をしてもらったのではないかな。議論の時間は必ずしも十分ではなかったかもしれないが、参加したみなさん、大変喜んでくれました。

湖沼会議は、その後、二年に一回開かれており、二〇一一年、アメリカ・テキサス州での会議で一四回目を数えています。この国際会議開催に意味があったこと、今日もなお意義があることを証明していると思います。滋賀県という地方自治体が発想した国際イベントとしては、地に足のついた会議だったといえるでしょう。時折、滋賀県からの出席者は「ミスタータケムラはどうしている」、「なぜ来ないのだ」と聞かれたりするそうです。

「世界湖沼環境会議」(滋賀県、総合研究開発機構主催)は、一九八四年八月二七日、大津市での歓迎レセプションで開幕した。会期は五日間。「人と湖の共存の道をさぐる」をテーマに湖にかかわる科学者、行政マン、住民が一堂に集まり、病める湖沼の環境保全、水質改善を軸に討議・交流するのが狙いで、二八カ国、三国際機関を含め国内外から約二〇〇〇人が参加した。

湖沼をめぐる大規模な国際会議は初めて。「湖沼研究の方法と科学者の役割」、「湖沼環境の管理と行政の役割」、「湖沼環境の創造と住民の役割」の三分科会で活発な論議を繰り広げ、湖沼に関する世界で初のアピールとなる琵琶湖宣言を採択した。次回は一九八六年春、米国ミシガン州で開催することも決めた。

琵琶湖宣言は「文明の症状を映す鏡ともいえる湖沼を、健全な状態で未来の人類に保つ必要がある」として▽人間活動と自然との調和▽環境管理、汚染源制御の研究開発と学際的協力▽治水・利水の環境保全目標導入▽環境アセスメント、情報公開、行政参加手続きの確立▽住民への情報提供▽教育と訓練の集中的実施▽湖沼に関する国際交流の推進に向けて、①国際的な連絡組織の設置、②国際会議の定期開催、③「世界湖沼年」の設定—を提案した。

琵琶湖総合開発計画の延長・改定交渉

琵琶湖総合開発（琵琶総）は野崎県政を象徴する大きな事業でした。それを私が引き継ぎました。琵琶湖総合開発計画の柱は、新たに琵琶湖から毎秒四〇トンの水を下流府県に供給する。そのためには琵琶湖の水位がマイナス一・五メートルまで下がることを滋賀県側は覚悟する。その代わりに県が必要としている事業に対して、国と下流府県は補助率の特別なかさ上げ措置、あるいは下流負担など含めてサポートをする。琵琶総はこれを骨格にでき上がっているわけです。

当時でも水需要をめぐって「毎秒四〇トンも新規利水はいらないのではないか」といった議論がありました。ここはよく分からないところですが、すでに一〇年間も特別立法で進められてきた事業です。改定の時期を迎えたからといって、バトンタッチを受けた私が根本的に見直すことは容易なことではありません。

例えば、毎秒四〇トンを削減する科学的な根拠が見つかれば見直しを主張しますが、そこが難しい。だから骨格は継承せざるを得ないと、私は覚悟しておりました。当然、約束した事業がまだ半分もでき上がっていませんので、最低一〇年の延長は欠かせない。骨格を変えないで一〇年延長する。これが改定交渉の基本です。

しかし、時代は動いています。私も琵琶湖の水環境で四苦八苦しているところです。琵琶総も環境の視点で厳しく見直しをする、あるいは新たに環境保全の事業を追加するという方針で臨み、全体としては総事業費約九六〇〇億円、一〇年延長の改定を実現することになりました。

その間、国とも随分議論がありました。国もだんだんカネがなくなってきており、琵琶湖総合開発特別措置法のような地域立法は見直しをしたいという気持ちも強い。大蔵省（現財務省）あたりは結構冷やかなことを言い始めていました。下流は下流で「いつ水をいただけますか」、「無条件で（琵琶総に）付き合いはできない」といった気持もちらほら出ていました。

全体の流れとしては、まさに「水の量」の約束で始まった計画ですが、「水の質」が問われる時代を迎えていましたので、「量」だけではなく「質」の責任論も当然あると問題提起し、量と質の両面で見直し、新しい「琵琶総一〇年」に改定したのです。

したがって、国の事業費を増やす。下流負担金も増やす。同時に新たに「水の質」の確保に向けて「琵琶湖淀川水質保全基金」構想も提起をして、下流の協力を求めました。そもそも「新規事業は必要ない」という反対論も根強くありましたが、その議論の延長で言えば「琵琶総は延長する必要もない」という議論にもなるわけで、新しい環境の視点、「水の質」の視点で見直す原則を貫いて、改定作業を仕上げたということになるでしょうか。

琵琶湖総合開発計画は一九七二年六月に制定された琵琶湖総合開発特別措置法で、下流の大阪、兵庫両府県が求める新たな水資源開発事業に応じる代わりに、滋賀県内の地域整備の経費を国と下流府県が特別に負担する仕組みをつくった。具体的には琵琶湖の水位低下が最大マイナス一・五メートルの範囲内で、下流に毎秒四〇トンの水を新たに供給する。その一方で、県内で下水道や道路、港湾、河川、ダム、土地改良など一八事業（水資源開発公団〈現水資源機構〉事業含む）を進める大規模プロジェクト。総事業費四二六六億円。当初、一九八一年までの一〇年の時限立法でスタートした。

「開発から保全へ」を打ち出す武村知事は、就任当初から琵琶湖総合開発計画の見直しを表明。八一年の改定時、事業の進捗率は四〇％そこそこ。琵琶湖の水質悪化も踏まえ、一〇年の延長と新たな水質保全に寄与する農業集落排水処理、畜産環境整備、ごみ処理、水質観測の四事業の追加を国に要望。難交渉の末、認められた。第二期琵琶湖総合開発の総事業費は九六二八億円（八一年価格）となった。下流負担金は三六〇億円（当初七一年度単価一一四億円）に決まった。

琵琶湖総合開発事業は最終的には、さらに五年延長され、一九九六年度まで続いた。県内に投入された事業総額は約一兆九〇〇〇億円にのぼる。

第二期琵琶湖総合開発計画の改定期（八一年）をとらえて、武村知事が提唱した「琵琶湖淀川水質保全基金」構想は、水問題が水不足という「量」からきれいな水という「質」を確保する時代に入った中で、新しい水行政ルールを確立するのが狙い。具体的には水でつながる琵琶湖・淀川流域が府県のカベを超え、流域全体で水質を守るための費用を共同負担する仕組みづくりにある。

琵琶湖総合開発の延長に伴う上・下流府県交渉で、「調査研究委員会」を設置。一九八三年度末まで研究成果をまとめ、実行に移すことに合意した。しかし、構想には下流が反発して難航。最終的に「きれいでおいしい水確保には流域共同の取り組みが必要」とする近畿地建の強い要請で、一九九三年に財団法人「琵琶湖・淀川水質保全機構」の創設に合意、発足させた。

　機構は、琵琶湖・淀川環境会議の上中下流の六府県・三政令市と淀川から取水する企業で構成し、水質保全、浄化の新技術開発や普及、水質データの収集、住民による保全・調査活動への支援などを行う。出資額は官民合わせて三〇億円。

命がけで「湖中堤はダメ」

　最も象徴的な仕事の一つだったのが湖中堤の問題です。私が知事に就任する前から水資源開発公団が、南湖の東岸、草津市、守山市にまたがる地域で建設を予定していました。湖岸から一五〇《メートル》から二〇〇《メートル》沖の琵琶湖に堤防と道路をつくるプランで、湖中堤と呼びます。すでに都市計画決定もされ、地元も了解をしていたのですが、赤潮など琵琶湖問題に取り組んでいる折、琵琶湖の水を守る、生態系を守るという視点から見ると、こんなひどい環境破壊の事業はないと考えていました。

　確かに矢橋人工島や浜大津人工島の造成問題がありました。浜大津は早々とやめることに決めましたが、矢橋は環境アセスメントを実施したうえで、最後はゴーの結論を出しました。しかし湖中堤はすさまじい環境破壊を引き起こす。琵琶湖の生態にとって最も大事な湖岸をどんどん壊し、堤防や埋め立て地にして使う考え方はよくない。まったく論外の事業です。私は堤防を湖中から陸地にあげることを原則に、地元の説得に努力しました。

おそらく地元は断固反対、絶対反対で来るだろう思いましたが、それでも戦う覚悟で「湖中堤はだめ」の方針を出しました。政治生命という言葉を使うなら、まさに命がけでやらなければないと心に決めて、地元の漁港のある志那や赤野井、山田などに足を運びました。いろいろ難しい問題がありましたが、最後はおおむね納得していただき、「原則は陸地」ということで湖岸堤建設を見直しました。

今も多くの車が走っている湖岸道路は、修正して陸に上げた〝湖中堤〟の道路です。あそこを走るたびに、私はひそかに「よかったなあ」と思っているのです。ほかにも長浜や安曇川などの湖岸堤も部分的に漁港との関係で地元の利害と対立しました。安曇川で一部湖中の建設を認めたところもあり、一〇〇%陸地とはいきませんでしたが、多少妥協しながらも「原則は陸地」を貫けました。

国は、地元が納得したら「分かりました」といった感じで、あえて抵抗はしなかったのは、ありがたかったですね。しかし、どうしてこんな荒っぽい案が野崎県政の時代に決まったのでしょうね。まず地元の草津市、守山市に建設計画案を提示し、市から地元の在所に持って行くのが順序ですね。漁港のある在所には人が住んでいますので、建設ルートは車の排気ガスや騒音を避けるために、「湖の方へ出せ」、「なるべく遠い所がよい」といった意見集約がなされたのでしょう。環境問題には、地元の世論とそれ以外の地域の世論とが相反する場合が結構少なくない。地元の世論だけで環境問題を決めると間違うことが多々あります。これはその典型ですね。

「湖岸にあげるんだ」といっても地元が自治体も含め全部了解しているものを覆すのは大変でした。これに失敗したら「知事を辞めるつもり」と周辺に漏らしていました。この仕事はあまり評価してもらっていませんが、本当によく修正できたと思います。

湖中堤は、琵琶湖総合開発の治水事業として建設する湖岸堤・管理用道路（延長五〇キロ）のうち、南湖東岸部（草津、守山両市）に湖岸から一五〇〜二〇〇メートル沖に張り出して築く堤防（水面から高さ二・六メートル）で、堤防上には道路（幅一五メートル、二車線）が走る。これに伴い湖面約五〇ヘクタールが埋め立てられ、内湖七カ所（計一四九ヘクタール）が生まれる計画だった。

この水資源開発公団の湖中堤案に対し、武村知事は一九八一年五月の記者会見で「琵琶湖の水環境を守る富栄養化防止条例の精神に反する。人造内湖は管理面で問題がある」として、公団案を認めない方針を表明。同一二月に、陸上ルートを原則にした見直し案をつくった。赤野井湾地区など守山市から草津市までの全ルート（一一・八キロ）のうち半分強を陸上部に振り替えた。問題となった人造内湖をほとんどなくした。ただ、用地取得難、住環境などへの配慮から水辺のルートや湖中橋、もぐり堤の方法も取り入れた。水辺ルートには水質浄化や魚の産卵場所の役割を果たすヨシが群生。県では消失するヨシの再生に向け、湖岸堤の前浜で人工造成に乗り出した。

琵琶湖淀川環境会議の創設

琵琶湖から流れる水は淀川を通って大阪湾に出る。近畿一三〇〇万人の飲料水になっている。この現実を踏まえれば、琵琶湖の問題は近畿一円の問題になります。新しいテーマに対しても近畿全体が認識を共有して取り組まなければならないという思いが素直にありました。

私は八日市市長をやっていたとき、蛇砂川の改修問題にぶつかりました。蛇砂川は永源寺から流れてきて八日市を縦断し、安土・近江八幡へ流れていく川です。二市二町（当時）にまたがる川ですので、改修するときは、上流、中流、下流の四市町のトップが集まらないと進まない。そこに県にも来てもらって何回か協議を重ねる。最終的に上・中・下流の利害を調整・分担し、蛇砂川大改修計画構想をまとめたことがありました。

それはそのまま琵琶湖・淀川水系にも通じる話です。上・中・下流が協調して、一体となって取り組む場をつくることは当たり前という考えです。琵琶湖淀川水系の問題は流域全体の問題ですので、余計にそう思っていました。赤潮が発生する前ですが、私から「琵琶湖淀川環境会議」の創設を提案させていただきました。

一九七六年一一月の「第一回会議」は、琵琶湖での船上会談として開きました。近畿の知事、市長らが琵琶湖に来てくれました。大阪の黒田了一さんや奈良の奥田良三さんら結構大物知事、年季の入った知事が集まってくれました。赤潮から始まった琵琶湖の水質問題はじめ琵琶湖総合開発の下流負担金や水質保全基金問題でも話し合いの雰囲気を醸成するなど非常に有効に働いたと思います。「環境」を入れた琵琶湖淀川環境会議というネーミングもよかったですね。

琵琶湖淀川環境会議は、一九七六年九月の近畿ブロック知事会議で武村知事が提唱し、創設された。琵琶湖淀川水系の上流・中流・下流の滋賀、三重、京都、大阪、兵庫、奈良の六府県知事と京都、大阪、神戸の三政令市長が参加し、流域の水環境問題をテーマに幅広く意見交換し、理解と協力を深めるのが狙い。第一回会議は琵琶湖での船上会談となり、武村滋賀県知事が「水を中心に近畿は一つの立場で水環境問題の解決を目指したい」とあいさつ、はなばなしくスタートした。毎年一回、持ち回りで開催することも決定。永年、水争いを繰り返してきた水系の上中下流の自治体トップが集うサミットの定期開催は初めての試み。水環境問題は「流域自治」に向けた新たな時代に入った。

自治立法に歯止めをかける?

前川尚美（元滋賀県副知事）

琵琶湖富栄養化防止条例の制定では、関係省庁との調整もほぼ終わり、反対は洗剤工業会だけという最後の最後の段階になって法務当局が立ちはだかりました。

条例案を県議会にかける前、夏の暑い日でした。大津地検の幹部が私の部屋（副知事室）にやって来て、「我々は条例案に反対です」と言いましてね。理由は「有リン合成洗剤の販売を禁止して、結果的には販売業者に罰則をかけることになるようなことは適切でない」と、それしか言いませんでした。

そこで私は大津地検に行って担当検事といろいろ話しました。要するに先方が言うのは、全国どこでも売っていて、誰もが普通に使っている洗剤を滋賀県という特定地域で悪と断定して、刑事罰を科するのはいかがなものか。罰金ではなく、あやまち料（過料）ならばいい、と。罰金をもって担保するだけの正義がないという主張ですね。最後に若手の検事が、違反者を見つけて私たちが真っ赤になって「これは正義に反する」というものでないと犯罪として取り締まるわけにはいかない。罰則をおろすなら何も言いませんというんです。

これは最大の危機だと思いましたね。罰則がなければ、ただ単に訓示条例、骨抜きになってしまいます。大変ショックでした。

私は武村知事に相談し、県の東京事務所を通じて刑事局の担当課長に面会を求めました。最初は門前払いでしたが、二度、三度粘っているうちに、官房総務課長が「それじゃ会いましょう」ということで、腹蔵なく話をしました。

問題はやはり憲法との関係でした。営業の自由と公共の福祉との関係ですね。基本的人権を制限するだけの社会的正義があるのかどうかでした。有リン合成洗剤と富栄養化との因果関係が周知の事実として広く一般に知れわたっているとは言えないと見て、洗剤の使用を止める目的で販売業者に刑罰をかけることに検事なりの疑問を感じたのでしょうね。

でも最後は、法務省として賛成したとは思わなかったが、「反対だから絶対やめよ」とは言わなかった。これで、私としては「何とかなりそうだ」という感触をもって帰りました。しばらくして、県会本会議の日でしたか、その前日でしたか、クレームをつけた大津地検の幹部が再び私のところへ来て、「あれは引っ込めます」と言って帰りました。検察当局が後ろ向きだと、違法行為の取り締りもままなりませんからね。これでほっとしたのを覚えています。

国の機関が地方公共団体の自治立法に事前に歯止めをかけることはあり得ない話ですから、この話は落ち着くところへ落ち着いたわけですが、検察当局としては罰則の運用面での心配があったのでしょうね、窒素・リンと琵琶湖の富栄養化との因果関係について県のもっと詳しい説明が欲しい、条例について国の関係省庁の見解も固めておいて欲しいと言い置いて帰りました。

余談になりますが、大津地検が反対を申し入れてきたという話は、ほどなく自民党の県会議員に伝わり一悶着が起こりました。二度目の来訪でなんとか収まりましたが、洗剤工業会はなかなか納得しませんでしたね。議会も会期を延長して業界や各種団体からのヒアリングを行うなど、慎重な構えを見せました。当時、副知事室と控室との仕切はガラス戸一枚でしたから、待ち合せ中の来客に地検との対談内容が筒抜けだったのかもしれませんね。

みんなで分け合う粉せっけん

林　美津子（元滋賀県消費学習グループ連絡会会長）

昭和三〇年代（一九五五〜一九六四）初めに洗濯機が普及し始め、合成洗剤を使い出しました。大変便利でしたから。でも手にぶつぶつと水ぶくれができて、それがつぶれる。薬屋さんに飛んで行ったら湿疹だと言われたのですが、何の薬を塗っても治らない。ずいぶん苦しみました。

一九七二年に高島町地域婦人会の会長をしていて、地婦連の共同購入で粉せっけんを使い出すと、湿疹が治ったんですよ。本当にきれいに。それで一九七四年に高島町消費学習グループをつくって、共同購入による粉せっけんの使用運動をはじめました。

私の出発点は健康問題でしたが、一九七七、七八年ごろでしたか、瀬戸内海に出るもんだと思っていた赤潮が琵琶湖で大量発生しました。高島町（現高島市）では白鬚神社の北寄りにある上水道の取水口あたりに出ましてね。

夕方、自宅に帰って炊事をしようと蛇口をひねったら茶褐色の水が出てきて、あたりが生臭い。どこかで何かが死んでいるような臭いがする。「これが赤潮だ」ということを初めて知って、びっくりしました。琵琶湖が汚れている。その原因は有リンの合成洗剤だと分かり、粉せっけん運動はいっぺんに環境問題に変わっていきました。

トラック一台分の粉せっけんを共同購入し、みんなで分けて使う。とりあえず地婦連や消費学習グループが一人ひとりに「粉せっけんは健康にも環境にもいい。使わないとダメ」と声をかけました。私たちが汚した水は琵琶湖に流れ込み、それが循環して、また私たちが飲まなければならないのですから。

滋賀県も高島町も熱心にバックアップしてくれました。役場の職員を動員して毎晩、合成洗剤用と粉せっけん用の二台の洗濯機を持って集落を回る。当時、各町村にせっけん使用アドバイザーがいて、ビデオを見ながら説明し、せっけんの方がきれいに落ちることを実演するんですよ。合成洗剤の方がきれいに見えるのは蛍光増白剤で染められているからで、洗ったシャツが青白く光っているのは、そのためですよと。洗ったふきんを使ったりして、おにぎりをにぎると青白く光る。組立用の暗室を持って歩いて見てもらうと、みんなビックリされましたよ。

高島町だけでなく大津市や安曇川町（現高島市）など他の市町の幼稚園や小学校、企業、職場など手分けして行きました。みんな熱心に聞いてくれ、理解してくれました。せっけん使用運動は大変な盛り上がりでした。しかし、琵琶湖富栄養化防止条例施行後、無リン洗剤が開発され、粉せっけん普及率が下がり出しました。滋賀県は他府県からの流入者が多い。無リンといっても合成洗剤は健康によくないが、何を使っても痛くもかゆくない人は少なくない。「無リンは危ない」といっても通用しないんですね。

私はいまでも頭の先から足の先までせっけんです。シャンプーも歯みがきも台所洗剤も全部せっけんです。何の不自由もしていません。

雑排水の処理にしろ、ゴミ処理に関しても、私たちに無限の恩恵を与えてくれる琵琶湖に対して、恥ずかしくない暮らしをしなければ…と、日々心がけています。

洗濯おばさん、合成洗剤の神話崩す

水野美紅（元滋賀県、草津市両消費生活相談員）

私が滋賀県の消費生活相談員だった一九七七年五月、琵琶湖に大規模な赤潮が発生し、武村知事は九月に「県民の七〇％の理解があれば、合成洗剤を条例で規制したい」と発言された。私は一一月、草津市に「市合成洗剤対策市民運動協議会」をつくり、本格的に市民ぐるみの合成洗剤追放運動を展開しはじめました。

もともと合成洗剤の問題意識は私の家庭が出発点です。母の手が割れて、血がにじむ。割れ目が痛くて、痛くて。主人の背中にもぶつぶつができて、かゆい。その原因はすべて合成洗剤だということが分かって、合成洗剤をやめ、昔からのせっけんに切り替えたのです。

こうした経験を多くの人に知らせたいと思い、消費生活相談員の活動をしながら消費者グループをつくり、関心のある人に働きかけをしました。ところが、そのころ県内ではせっけんの入手が困難で、メーカーに進出を促したり、共同購入して分け合ったり、小売店やスーパーに販売を訴えたりしました。

一九七八年一月の寒い日でした。中主《ちゅうず》町（現野洲市）で「粉せっけんと合成洗剤の洗浄力比較テスト」をぶっつけ本番でやりました。同じ機種の洗濯機を二台使った初めての試みでしたが、せっけんの洗浄力がまさり、テレビも新聞も「せっけんに軍配」、「神話崩す」という見出しで、こぞって書いてくれました。それが県内はもちろん、全国にも知れ渡りました。

　これを契機に、草津市長の求めに応じて市消費生活相談員にかわり、市内で「洗浄力テスト」を実演して回りました。このせっけんキャラバンを路地裏作戦と呼び、さらに運動の輪を広げるために「洗濯おばさん」を育てる養成講座も開きました。こうした取り組みを県は草津方式として評価され、武村さんから褒めてもらいました。ちょうど条例ができる前後には、草津市のせっけん使用率は八〇・九％と全国一だったのです。

　ところが、条例案の話をよく聞いてみると、リンと窒素の規制条例であることが分かったのです。私たちは、すべての合成洗剤、合成界面活性剤がよくないという運動を続けてきたのであって、リンと窒素を抜き出せばいいというものではない。そこで武村さんに「これはザル法ですよ」と直談判したんです。そうしたら「分かっているけど法的に難しい。洗剤工業会も黙っていない。ザル法でもれた部分はあなたがたの運動で補ってほしい」といわれました。

　条例案を通す前、強烈にがんばっている人たちの反対運動がありました。だけど条例反対ののろしをあげて喜ぶのは洗剤工業会でしょ。それでいいのか。残念だけど条例を通して、すべての合成洗剤をなくすためにもう一度力を合わせてやることを協議会で決議しませんかと言って、みんな賛成してくれたのです。でも限度がありますよね。条例ができたころ、無リン洗剤にパッと替わりました。

確かに武村さんでないと出来なかったと思います。もし、あの条例がなかったらリンと窒素を含む合成洗剤はいまだに続いているでしょう。少なくとも無リン化は一つの成果であると評価します。しかし、なんだか「のど元過ぎれば…」の感じで、すべての合成界面活性剤追放という私たちの運動は足をすくわれた感じがしないでもないですね。

おかげさまで粉せっけんの普及に向けて全国を歩かせてもらいました。九州は天草から北海道まで実演したり、講演したり。東京の新宿区議会では、赤じゅうたんの上に洗濯機四台並べてやりました。ちょうど一〇〇〇回目が沼津市で、全部で一三〇〇回は超えたと思います。最終的に一番長居したのが徳島県で、九カ月間もいました。合成洗剤追放運動全国大会を控えていて、全国で一、二位を争うくらい、滋賀県を抜くくらいせっけん運動が進められました。

草津市は最後までせっけん運動をがんばってくれました。「市合成洗剤対策市民運動協議会」は名称から「対策」が消え、「市水環境を守る市民運動協議会」に変わりましたが、県よりも一年早く発足させ、一年長く続けられました。残念ながら、いま滋賀県にせっけん運動はありません。その後、移り住んだ徳島では、せっけん運動が受け継がれ、今も根づいています。

失敗すれば「坊主になろう」

下　仲　善　一（元滋賀県秘書課参事）

琵琶湖総合開発計画が一〇年経って、その延長と見直しがやってきました。

武村知事は「湖中道路堤防だけは、なんとしても湖中から陸にあげなければ」と決意された。すでに湖中で地元の了解が終わっていて、都市計画などでも国は決定を済ませていただけに、これを大幅に変えることは容易ではありませんでした。草津や守山の関係者と話し合いをするために、武村知事は何回も出かけられました。車の中で「これに失敗すると知事を辞めることになるかもしれん」、「知事を辞めたら、二人でお寺に入って、坊主になろうか」と、ぼそっと言われたのを私は覚えています。

まさに命がけの説得でした。今でも時どき湖岸道路を通ると、知事の体を張られた努力で、この道路があるのだと思います。

第五章　県政に文化の屋根をかける

武村知事は一九七六年四月の機構改革で、県教委に文化振興課（翌七七年文化部）を創設。その夏には、関西の錚々《そうそう》たる人たちで構成する「湖と文化の懇話会」を発足させた。滋賀県の個性を追求し、文化の香り豊かな県づくりに向けて提言してもらうのが目的。メンバーには今西錦司（京都大学名誉教授）、梅棹忠夫（国立民族学博物館館長）、桑原正信（滋賀大学学長）各氏ら一一人が名を連ねた。

「文化の屋根委員会」はこの「懇話会」を引き継ぐかたちで、一九八〇年一月に第一回委員会をスタートさせた。行政のすべての分野に文化の屋根をかける事業を進めるための具体的な方策の提言とともに、県の将来像を描いてもらうのが狙い。計一一回の会合を重ねた。

個性の追求と草の根政治

武村県政とは何かといえば、一つは、滋賀県の個性をどう追求するか。今ひとつは、草の根県政と表現していますが、滋賀県というフィールドで民主主義をどう追求するか。この二つが柱ですね。「文化の屋根」とか「県政に文化の屋根をかける」と象徴的に表現した文化政策は、実は県の個性をいかに創出するかがテーマです。琵琶湖は県にとって最大の個性です。だから琵琶湖政策にどう取り組むかは、県の個性創出につながるのです。今日も自治体の個性をいかに引き出すかが、自治体政策の最大のテーマだと思っています。しかし現状をみると、個性の競い合いはあまり進んでいるとは感じませんね。武村県政では、琵琶湖政策や国民休養県構想、文化政策などに県の個性を表現しようとしました。

県の個性と言えば、いわずもがな日本最大の湖である琵琶湖です。比叡、比良、伊吹、鈴鹿の山並みに囲まれた県の真ん中に存在する。この自然の姿こそ個性そのものです。そして、大自然の中で何千年もの間、古代から中世、近世、現代に至るまで人間の営みが繰り広げられてきた。この日本という国を特徴づける歴史の足跡も県固有の個性です。この自然と歴史が持っている個性をきちんと踏まえて、新しい個性をどう生み出していくか。ここが県政の勝負どころだと思いますね。

湖と文化の懇話会

就任直後に滋賀と京都の文化人を中心に「湖と文化の懇話会」をお願いして八回ほど会合を重ねていただきました。今西錦司、梅棹忠夫、上田正昭、上田篤、岡本道雄、塚本幸一各氏など京都の名高い文化人に、滋賀県から桑原正信、徳永真一郎、葉上照澄各氏なども数人加わっていただいて、毎回、闊達な雰囲気で貴重なご意見をいただきました。

県庁幹部や県議会、市長村長と違って、何の気兼ねもなく縦横無尽に語っていただいたようです。私にとっては滋賀県政にさわやかな風を送っていただいたように感じました。

これが、そのあと発展してほぼ同じメンバーで「文化の屋根委員会」になりました。新たに梅原猛さんや堤清二さんなどに入っていただきました。

文化に1％予算

県政には文化の柱と屋根が必要であるというのが私の考えでした。図書館や美術館、博物館、文芸会館などの仕事は文字通り文化プロパーの施設をつくり、運営することでした。これを文化の柱事業とすると、一般の県行政のすみずみまで文化的配慮をする、文化的気配りをすることで文化の屋根をかけることとしました。

例えば、瀬田の唐橋を再建するにしても、単に鉄とコンクリートで現代的で機能本位の橋を造るのと、かつて唐橋につくられていた擬宝珠を復元して外観だけでも伝統をよみがえらせる工夫をするのとでは、できあがった橋のイメージはまったく違う。私のその擬宝珠のために少々経費がかかっても、それを削るなと言いました。

道路にしても駅前広場にしても、さらにダムや土地改良事業にしても、少しでも文化的配慮をしてくれと言いました。土地改良では、伝統ある田圃の風景をブルドーザーで踏みつぶして旧満州平野のようにはするなと言いました。湖北ではハンの木を残せ、湖東の鈴鹿に近い田圃ではできるだけ赤松の畦畔木を生かしてくれと言いました。土地改良にも個性とうるおいを演出させよということです。こうしたことから「文化の1％」事業予算の考え方が浮上し、すべての公共事業に一％上乗せして文化的に配慮した経費を使うルールをつくりました。

これによって近江大橋のたもとには栃木県から七〇〇万円ほどかけてケヤキの名木を買って植えるなど、県立の建物や小中学校、小さな交番にまで、「文化の1％」予算はさまざまな知恵を生んでつくられるようになっていきました。この考え方は、県主催の行事や式典のあり方にまで影響を与えるようになりました。びわこ国体の開会式で知事や議長のあいさつを極めて短く明瞭にしたことが、参加者には非常に好評でしたね。

わがまちを美しく

この考え方を滋賀県内の、県民にとって一番身近な集落に広げて行こうという議論が起こり、私は西ドイツに留学していたころに関心をもった行事を思い出しました。それは西ドイツ政府が毎年一回、最末端の町づくり、村づくりの模範的な事例を全国表彰していることでした。私はこれを「わが町を美しくコンクール」として、滋賀県でも実施することにしました。滋賀県には約三〇〇〇の集落（町内会）があったが、毎年、自発的に創意工夫をこらした町づくりを奨励して、優れたものを金賞、銀賞、銅賞として表彰しました。確か金賞には一〇〇万円をつけたように思います。

一回目に表彰された湖北・高月町（現長浜市）の雨森は、江戸時代に対馬藩で活躍した儒学者・雨森芳洲の生まれた町でしたが、集落の中を清流が絶えず流れるように工夫し、ところどころで網を張って、その間にコイを飼っていました。さらに何カ所かで川に水車を回すようにも工夫していました。最近訪れましたが、当時のたたずまいはそのまま温存されていて、うれしかったですね。

各家庭の空き地にブドウ棚をつくった集落があったり、それぞれ特色のある花をいっせいに植えた町内会があったり、ブロック塀をいっさい取り払って垣根にした集落もできました。黒い瓦屋根と白壁で統一した町もありましたね。

麗わしの滋賀建築賞

一つひとつの建造物は個人であったり、会社であったりで、多くは法律にさえ違反しなければ、まったく自由に設計ができ、建築が許されています。そのうえで、できあがった町並みは極めて不ぞろいであり、美しいとは言えない。さらに建物そのものにも個性がない。一定の部屋空間と合理性さえあれば、外観はそれほど気にしないのが多くの建物でした。

私は、ここにも焦点を当て建物の美しさや周辺との調和、街並みへの貢献の視点から報奨制度をつくることにしました。それが「麗わしの滋賀建築賞」です。個性や美しさ、全体への貢献などの要素で毎年、知事報奨をおこなうことにしました。

建造物の表彰はよくあることですが、この制度の一つの特色は、できあがったばかりの新築を対象からはずしたことです。一定期間で変色やヒビ割れ、落ち着きも出てくるので、三年以上経過したものを表彰の対象にしたのです。全国の建築協会からも注目され、紹介されたこともありました。

風景条例の制定

琵琶湖条例（滋賀県琵琶湖富栄養化防止条例）は、まさに琵琶湖の水の質にかかわる条例でした。私は何十回となく船に乗って琵琶湖をみつめました。知事時代の後半は琵琶湖で泳ぐことを覚えました。南湖も北湖も一人で泳ぎました。竹生島へも沖の島へも泳いで行きました。南湖の柳が崎から草津まで泳いだときは、六キロを六時間ほどかかってしまいました。

そのこととは別に、早くから私は琵琶湖畔の風景が不ぞろいであったこと、コンクリートで固められていること、建物が乱雑に立っていたりして美しくないことに気がついていました。特にヨーロッパやアメリカの湖の湖辺と比べると、まったく野放図に利用されていることを見逃せない気持ちになっていました。

要は一定の規制を加えて、湖畔のたたずまいに調和や美しさを保つべきではないのか。自然の姿が残っているところは、そのまま保存し、人びとが活用しているところに景観を保つ、あるいは多くの人びとが共感できる風景を創出していくべきではないかと問題提起しました。その政策がいわゆる風景条例、「ふるさと滋賀の風景を守り育てる条例」として実ることになりました。

ヨーロッパの町で行政がかかわっている町づくりの共同観念を琵琶湖畔で取り入れようとしたのでした。日本の都市計画法や建築基準法などの制約もあり、十分とはいえませんでしたが、景観や風景に一石を投ずることになったのかもしれません。

滋賀県の「ふるさと滋賀の風景を守り育てる条例」（風景条例）は一九八四年七月に制定され、翌八五年七月から施行された。湖辺を中心に沿道、河川に景観形成地域を設け、特に湖辺景観に優れた特別地区では土地の買い取りを明記。指定地域では開発・改変行為には事前届け出による指導・

助言を盛り込む。届け出違反には罰金（五万円以下）を科すなど全国でも例を見ない条例。

「国民休養県構想」の登場

滋賀県は自然と歴史という二つを土台にして、新しい個性を追求する。その意味で国民休養県構想は、この二つの持って生まれた特色、個性を二一世紀に向けて生かしていく考え方です。日本のみならず世界の人々に来てもらうために「憩いの場」に磨きをかけ、国民の休養基地にする考え方です。国民休養県という言葉は私の考えでなく、文化の屋根委員会の京都や大阪の先生方が提案、今西錦司先生らが「それはいい」、「よかろう」と賛成され、私が飛びつきました。

もともと滋賀県は農業県でしたが、戦後、著しく工場立地が進み、最先端の工場が立ち並ぶ県に変貌、ヨーロッパでいえばスイスのような県に自然になっていたのです。私が知事になる前、すでに最先端の企業が多く立地する魅力的な工業県になっていました。県民一人当たりの工業出荷額は全国第二位、県民所得も三、四番目くらいで、今日も変わっていません。

それは、まさに工業パワーのおかげですが、別の見方をすれば、第三次産業が弱い県だという証明でもあります。米国など先進国では第二次産業のウェートが下がり、第三次産業の比率がどんどん増えるのが先進化の現象になっていた。当時、日本でも第三次産業が発展しなければならないと言われ始めていました。その意味で、県は工業のウェートが高く、二〇世紀的な遅れた経済体質を持った県、生産基地ではあるがサービス基地にはなっていない県と認識せざるを得ません。だからこそ、国民休養県構想で示された第三次産業を増やす考え方は、これからの県の姿として大変望ましい提案だと思いましたね。

滋賀県総合開発審議会で了承された県の「長期構想」。その中で示された国民休養県とは——「憩いの場といった静的な観点より、むしろ積極性をもたせて知的活動なども含む総合的な地場産業にまで振興したい意図をみせている。現実にどのような『休養』の実態が考えられるか。

構想の中には、こんな記述がある。社寺など文化遺産をたずね、城下町や宿場町など古い街並みを訪れ、伝後工芸品やふるさとの手づくりの品を肌で接し、生活にいまなお息づく行事や祭りを鑑賞する。琵琶湖では釣り、ヨット、水泳などを楽しみ、湖畔では散策、水郷でのサイクリング、山へはハイキングやスキーなど四季を通じて自然に楽しむ。さらに湖沼に関する研究、気軽に湖の歴史や魚などを知ることもできるようにし、水と緑の自然の中で学習や教育、研修、訓練、研究に励む。

こうして『自然と文化と人びとのサービスがほどよく組み合わされた滋賀の新しい産業を興していく』のが、国民休養県構想」（京都新聞一九七九年七月二五日付「社説」から）

ホテルがない、大学が少ない

事実、当時を振り返ると、「びわこ国体」（一九八一年開催）前までは都市型ホテルは一つもありませんでした。全国から選手はじめ多くの人がやってくる。天皇陛下もお見えになる。しかし、情けないことに泊っていただくところがない。そんな宿泊サービス産業の大変弱い県でした。

もう一つ。大学ですね。大学は教育の場であると同時に、知的サービス産業でもある。ところが当時、四年制大学は滋賀大学と滋賀医科大学の二つしかない。短期大学も四つか五つでしたかね。四年制私立大学は一つもない。工業高等専門学校もゼロ。極端に高等教育機関が少ない県でした。人口に占める学生数の割合は全国で最下位ではなかったかな。ホテルと並んで大学誘致は文句なしにやらなければならないと思いました。

これらは国民休養県構想の実質中身にかかわる問題ですが、県も研究機関などの整備に取り組んでいましたが、それだけでは足りません。民間施設の立地が望まれる中で、佐川美術館、ＭＩＨＯ ＭＵＳＥＵＭができました。大塚製薬の研究所もできました。ホテルの進出も急ピッチで進み、大津や彦根のプリンスホテルはじめ一〇くらいに増えました。私立大学も龍谷大学の理工学部、社会学部に、立命館大学、びわこ成蹊スポーツ大学、長浜バイオ大学ができました。学生数も最下位から上位七番目まで上がり、大学の多い県になってきました。

国民休養県構想は、抽象的な提案ですので、何かふぁっと出てきて、ふぁっと消えていったと思われているかもしれませんが、実は県の第三次産業のウェートは高まっています。サービス産業にかかわる国民休養県構想の考え方は着実に定着してきており、当時の問題提起がいかに的確であったかをあらためて思いますね。

文化施策に目を向ける

こうした政策と並行して県政が取り組んだのが文化プロパー政策、事業でした。代表的なものは文化施設です。県立図書館はありましたが、小さく古くて目立たないものでしたので、近代的な図書館を文化ゾーン（大津市瀬田）に新築、その隣に県立美術館もつくりました。県出身の日本画家で文化勲章を受章した小倉遊亀さんの好意的なご配慮で数十点の作品をご寄贈いただき、特色ある美術館として誕生しました。埋蔵文化財センターもつくりました。

滋賀県立近代美術館は一九八四年八月、大津市・瀬田丘陵に開館した。美術館は地上二階、地下一階の延べ八五五二平方メートル。屋根には緑の銅板を使い、常設展示室、企画展示室、ギャラリー、中庭の屋外展示場、レファレンスルームなどを整えた。一九八二年から三五億円をかけて建設していた。作品は近代日本画、郷土ゆかりの作品、アメリカを中心とした現代美術二〇八点を集めてスタート。滋賀県が生んだ女流画家・小倉遊亀さん（文化勲章受章）が寄贈した作品「磨針峠」など一七点が華。「老齢である私の身は、いずれ朽ち果てますが、分身である作品がふるさとの美術館の片すみに飾ってもらえれば幸せです」（小倉画伯）

文化芸術会館の整備は、野崎さんのつくられた文化幹線計画に基づくものですが、いい構想でしたので継承させていただき、長浜、八日市、安曇川、草津、水口と整備し、最後の大津は稲葉・国松県政でびわ湖ホールとして完成をみました。自然系、歴史系の博物館もつくる計画で、稲葉県政が引き継いでくれ、草津に琵琶湖博物館として実現しました。歴史博物館は残念ながら成就していませんが、県立の基幹的な文化施設は着々と整備されたと思います。

「図書館の仕事は日本一ですよ」

その中で、県立図書館ですが、この分野の人に言わせると「武村県政で一番評価するのは図書館行政だ」との見方があることを知事を辞めてから聞き、「エッ、ほんとうですか」と、びっくりしたことがありました。

私は、図書館という建物の建設も重要だが、「図書館の仕事は人だ」と思いまして、上原恵美文化振興課長に「県立図書館の館長にふさわしい人を全国から探してほしい」と指示したところ、東京の日野市立図書館長を務めた前川恒夫さんを見つけてくれました。「ユニークな考えを持ち、図書館行政に実績がある。館長に一番ふさわしい人」ということなので、招聘することにしました。琵琶湖研究所の初代所長をお願いした吉良竜夫先生（当時、大阪市立大学教授）の時と同じ発想で、「まず人を得て、そして仕事を任す」。前川さんにも「県の図書館行政はお任せします」と、建設前から準備室に着任して、取り組んでもらいました。

すばらしいのは図書館の運営でした。貸出制度も含め県民の使いやすい仕組みをつくる。図書館は人々が憩い、知的リフレッシュをする、県民の暮らしの中で貴重な役割を担う、そんな場にしていきたいという考えです。

特に、前川さんには「市町村にどんどん図書館をつくりましょう。そのために思い切った補助制度をつくってください」と望まれ、単に図書館建設だけでなく、図書購入費も含めた大胆な補助制度を設けました。前川さんは市町村に声をかけ、続々と市町村図書館ができました。ほとんどの図書館は全国から資格と経験のある館長をスカウトしましたね。

前川さんの話によれば、県に着任した時、県内には図書館は四館しかなく、あらゆる統計で全国最下位を低迷していたそうです。それが見違えるように変わり、例えば、能登川、湖東、安土などではかなりハイレベルな図書館が生まれた。八日市も全国の模範になったという。県立図書館とは巡回車でつなぎ、システムも連携させて一体で運営したことで、図書館行政のレベルも急速に上がりました。一人当たりの貸出冊数や入館者数は全国一を誇るまでになりました。

数年前、大津で「全国図書館大会」が開かれた際、まちを歩いていたら「武村さんですか」と声をかけられ、「図書館大会に来ていますが、武村さんが知事時代に進められた図書館行政は日本で一番ですよ」とほめていただいたことを思い出します。

私が国会議員になってから前川さんに、こんなことを漏らしたそうです。「知事時代いろいろ仕事をしたが、少ない経費で大きな効果をあげたのは図書館だ」と。文化行政、文化施策というのは大した経費ではないのですが、結構、人々の心をうるおす、心にアピールしますね。私の県政で図書館行政はほめてもらっていい施策の一つかもしれませんね。

文化施設では、びわ湖ホールは音響効果の優れた日本有数のホールです。ヨーロッパの歌劇団からは「びわ湖ホールなら行く」というくらい世界的に評価されているようです。是非とも残してほしい施設です。将来、財政難で民間に売るといった議論が起きないか心配ですね。

イベントにも力を入れる

県の個性を表現する手段としてイベントがあります。私が取り組んだ中で残っているのはびわ湖花火大会だけですかねぇ。ある時、県観光連盟会長の重松德さん（琵琶湖汽船社長）がこられ、「知事さん、もうびわ湖花火大会を止めようか思っています。カネが集まらないのですよ」と言いました。私はさっそく近畿最大のＰＬ教団の花火大会は一億円かかっていることを調べて、後日、重松さんに提案しました。「びわ湖花火大会も一億円かけて一挙に拡大してやりましょう。県が半分の五〇〇〇万円出しますから、重松さんも民間で五〇〇〇万円集めてください」。以来、「八月八日はびわ湖花火大会」として近畿ですっかり定着し、多くの人が湖畔で夏の夜空を楽しむ価値あるイベットとして続いています。

一方、なぜか止めてしまったのが二つあります。いずれも琵琶湖をアピールするのにふさわしいイベントでした。一つは「水の祭典」。琵琶湖上に特設舞台をつくって、アメリカの有名なフォークシンガーのジョン・フォスターやジャマイカのレゲエ楽団、歌手の加藤登紀子さんを呼んだりしました。NHKも放映してくれました。五、六年続きましたが、その後、消えてなくなりました。

もう一つはトライアスロン。ハワイから世界トライアスロン連盟の会長さんが知事室にこられて「このすばらしい琵琶湖でトライアスロン世界大会をやってくれませんか」と提案され、私は飛びつき、具体化しました。南高北低の問題もあって、彦根の松原の琵琶湖で泳ぎ、自転車で長浜へ向かい、湖北一帯を走る。そして長浜から彦根までランニングで戻るコースで実施しました。地元や沿道の人々も協力してくれました。一〇回ほど続いたのかなあ。関係者が疲れてきたと聞きましたが、止めてしまいました。今ではオリンピックの正式競技になっている。もったいない。連盟公認の大会でしたからね。

びわ湖毎日マラソンは大阪で開催していたのを滋賀県に誘致しました。今も続いていますが、イベントは長続きしてこそ値打ちが出てくるもの。残念ですね。

町内会が自治の原点

伝統的な日本の自治はどこに存在するのかといえば、それは町内会ですね。県内に約三〇〇〇の町内会があります。中身はさまざまですが、どこも自然発生的に誕生し、試行錯誤を繰り返しながら町内のことをどうするかを決めてきた。結構、連綿と町内会自治が続けられている。古い集落ほど歴史、伝統としてしきたりがデンと存在しているところが少なくない。滋賀県は古い方だから新興団地は別にして何百年も「在所の自治」が守られてきている。

確かにいろんな側面があります。封建的で人々を拘束する一面もなくはないが、結果として町内のメンバーが汗を流し、手間ひまかけ、経費も負担しやっているところが多い。祭りひとつとっても大変なことです。古い伝統ある祭りを守るために、役割を分担し、当日の装い、飾りなど準備し、笛、太鼓など練習をする。大津祭、長浜曳山祭は余計に大変ですが、どこの集落も大なり小なり祭りは存在し続けていますね。

集落の川や道路の草刈り、掃除も年に何回か人々が出て、半日くらいかけて一斉にやります。私も大津のある町内に住んでいますが、毎年に二回、川の中に入って草掃除をやっています。夏祭りでは、数十人が出て盆踊りのやぐらを組むのですが、技術的にも難しく大変な作業です。つくって、壊す。三日間かかるのですが、それでも続けています。

要は自分たちのことは自分たちで治める。税金や人の世話にならず、自分たちの知恵と労力とカネで治める。これが政治の原点、自治の原点ですね。そこを大事する、その考え方を広めていくことが、憲法でいう地方自治の一つではないかとの思いが、私には強かったのです。

草の根ハウス

私は町内会に目を向けました。中でも人々が集まる場所、自治会館とか町内会館ですね。こうした施設がないと人々は集まれない。したがって自治も活発に動かない。みんなで分担して立派な建物を持っているところもありますが、やはり補助なしにつくるのは難しいのが現実です。

そこで私はこうした施設を草の根ハウスと称して、建設費を補助する制度を県独自につくりました。標準的な大きさで建設費三分の一を県単独で補助することにしました。これが大変喜ばれ、また刺激になって、「県が三分の一出してくれるなら、やろう」とどんどん増えて、毎年新設が一〇〇を超えました。初年度だけでも補助件数は一二〇～一三〇もありました。予算がないので補助を絞ったのですが、知事在任中に三〇〇〇の町内会のうち半分くらいできたのではないでしょうか。最末端の住民が集う施設に補助を出す草の根ハウス事業で、草の根県政の第一歩を踏み出したのです。一九七七年二月でした。そして翌年の県議会で、これからは「草の根県政を標榜する」と宣言したのです。

草の根ハウスは、一九七七年度から一九八一年度までの五年間に、県内全市町村で四七三カ所設置された。補助金総額一六億七〇〇〇万円、一件当たり平均三五四万円。八一年度からは用地補助も始まり、一五件に総額一四九〇万円(一件当たり平均九九万円)助成された。(県市町村振興課「草の根ハウス要覧」一九八三年一月発行から)

草の根県政を標榜

グラス・ルーツ・デモクラシーは民主主義の原点をあらわす言葉ですね。これをいきなり県政に持ち込んで、うまく定着するかなと思いました。しかし、「草」とか「根っこ」とかはどこか泥臭く、分かりやすいのでしょうか、誰も米国で生まれた草の根の語源、ルーツを知らないのに、すーっと県民に受け入れられた感じを持ちました。だから一〇年近く県政のタイトルに使い続けることになりました。今でもちょくちょく「草の根ハウス」とか「草の根ひろば」の看板を見かけますが、あまり抵抗がなかったのではないかと思いますね。

町内会自治を大事にし、自分たちのことは自分たちでやることを一層実践していただく。とくに自治の原点である町内会の活性化をどう支援していくか、真剣に考えていく必要があります。

びわこ国体の盛り上げ

「自分たちのことは自分たちでする」という自治の運動を象徴するのが、県内の女性が立ちあがった「粉せっけん運動」です。歴史に残る運動ですね。

もう一つ、私の県政の間で感じたのは一九八一年の「びわこ国体」です。ほんとうに県民が一丸となって盛り上げたイベントでした。県内で総合的に、老若男女問わず、東西南北あげて盛り上がったイベントは、ほかにはないのではないか。スポーツ大会は計算、打算抜きに燃えますね。県民の中には、「お役に立つなら何でもしましょう」という気持ちが広がりました。民泊では多くの人が家を開放してくれました。私が言い出した「おにぎり運動」も全県下に広がり、たくさんにぎってもらいました。

国体には全国から何万という人が滋賀県にやってくる。国体の開催は全市町村で分担したので、みんな自分たちの町をきれいにしようと、道路に花を飾ったり、木を植えたり、どこも自発的に取り組んでくれました。うれしかったですね。その意味で、国体は選手が走る、飛ぶ、投げるといったスポーツの祭典にとどまらず、多くの県民が町づくり、村づくりなどにもかかわる総合的なイベントであることを実感しました。最後はみなさんに胴上げをしてもらいました。九〇キロの巨漢だというのに。

そういえば開会式前夜、大津市皇子が丘公園裏山の山上不動の滝に打たれて好天を祈ったこともありました。おかげさまで天候にも恵まれ、私にとって「水と緑のびわこ国体」は忘れがたいイベントでした。

一九八一年に開催された第三六回国民体育大会「びわこ国体」。「水と緑にあふれる若さ」をスローガンに全国から一万九〇〇〇人の選手・役員が参加、夏季大会（九月一三日から四日間）五競技、秋季大会（一〇月一三日から六日間）三〇競技に力と技を競った。滋賀県勢の活躍は目ざましく、悲願の天皇杯、皇后杯を獲得した。史上最高得点（三五七・五一点）で栄冠に輝いた。国体誘致を名乗り出てから二〇年。やっと手にした半世紀に一度のスポーツの祭典だが、歳月は流れ、時代は大きく変わった。高度成長は減速しはじめ、財政事情も悪くなるばかり。主会場は新設ではなく大津市・皇子山陸上競技場の改修で臨むなど「質素の中に実りある国体」を目指して、県、市町村、県民総ぐるみで準備と歓迎に奔走した。国体初の湖上輸送で湖国らしさも演出、史上最高の六五〇〇人にのぼる民泊は、どこも選手が驚くほどの歓待ぶり。燃えに燃えた「びわこ国体」は、県と県民の心をひとつにした一大イベントとなった。

こんにちは知事です

草の根県政の中で、県民との対話も重要な柱です。住民と対話する。あらゆる場面で住民と話し合う。住民の声を行政に反映させることは大事なことで、知事就任翌年の一九七五年七月から「こんにちは知事です」を始めました。最近、どこの知事もやっていますが、多くは町村に行き、役場が人を集め、地域の代表格を呼んで対話をする形式です。

「びわこ国体」成功で歓喜の胴上げをされる武村知事（京都新聞 1981 年 10 月 19 日付）

私の場合、草の根ハウスと同じ発想で、直接○○町の○○集落に入る。町内会長さんが全戸に声をかけ、集まってもらうやり方です。会場はいろいろで、草の根ハウスのないところでは、橋の上にゴザを敷いたり、お宮さんの境内でもやりました。「知事が来る」というので、集落の老若男女がやってくる。みんな知り合いだから素直に意見を言う。代表格だと肩をいからすところもありますが、おじいちゃんも、おばあちゃんも気さくに話をしますね。そこで本当に県民の生の声に接することができる。

もちろん聞くだけではなく、私はできないことは「できません」と、はっきり言うように努めていました。ここが対話のポイントです。できもしないのに「慎重に検討します」という言葉に象徴されるように、何か期待を持たせる返事をするケースがありますが、私は法律の仕組みはこうなっています、予算の状況はこうですと、きちんと説明して「申し訳ありませんが、それはできません」。みなさん納得してくれますね。この対話から何か魅力的な県政が生まれた、創造的な県政が始まったというわけではありませんが、知事とじかに話をすることで県政を身近に感じ、満足して帰路についていただいたと思っています。

武村知事が武村県政の原点という「こんにちは知事です」。「なんでも聞きます」方式ではなく、気楽に、ざっくばらんに県政の課題をみんなで考える場として、知事就任の翌一九七五年七月、マキノ町（現高島市）からスタートした。

月一回、一日二会場を基本に開催。一九八〇年二月の彦根市で五〇回目を終え、全市町村を一巡した。会場数は一一八カ所、参加者は六五八六人（一会場平均五五・八人）だった。一九八三年四月から二巡目を開始。一九八三年一二月に第一回から数えて一〇〇回目を迎えた。総会場数は二〇五カ所、総参加者は一万一六二一人にのぼった。（県広報課「こんにちは知事です」から）

情報公開に取り組む

情報公開は住民自治を考えるうえで基本となるテーマです。当時、住民の間に情報公開を求める空気はあまり感じられず、役所にも率先して自ら持っている情報をオープンにする努力、環境はできていませんでした。役所にはものすごく多くの情報がありますが、役所が独占、官僚が独占していて、県民みんなの財産という認識は薄かったですね。情報公開の制度化を図り、行政資料室そして公文書館をつくりました。しかし、日々、つくられる行政の書類、いわゆる情報は膨大で、全部抱え込むことは物理的にとてもできない。その多くを廃棄せざるを得ません。情報をオープンにすることと同時に行政文書の保存をどうするか。どの情報を残すのか、どの程度保存するのか。結構、難しい問題でした。

県は一九七九年八月、庁内に情報公開の準備研究班を設けて、研究に着手。翌一九八〇年四月に「県政情報はすべて県民の共有財産である」と宣言した報告書をまとめた。全国に先がけてまとめた公開基準では、個人のプライバシー、意思決定にかかわる情報などを「非公開」としたほか、公開を拒否された場合の救済機関として審査会の設置や行政情報センターの新設など提言、すばやい取り組みをみせた。その後、公開対象になる膨大な行政文書の整理などに手間取り、条例化は後継の稲葉県政に引き継いだ。一九八七年条例制定、八八年四月施行。

役所がお盆休み!

滋賀県庁のお盆休みの提案は前川尚美副知事からありました。特別に新しく休暇を増やしてという考えではない。端的に言えば、それぞれに与えられている有給休暇をそろって取ろうということでした。関西では八月が旧のお盆で一三日から一五日までの三日間をいっせいに有給休暇をとることにしました。

もちろん県民生活に身近なサービス部門には最小限の人員が出勤しました。県庁はこの間、冷房を全部止めましたから、彼らは暑い部屋で窓を開けて頑張ることになりました。

この制度は例年、お盆の時期は半分くらいの職員が休んでいる実態があったことから発想されたものので、スムーズに定着しましたし、現在も続けられています。全国的にも注目されたアイデアでしたね。

全国官公庁で初めて実施された滋賀県庁の「お盆休み」（京都新聞 1979 年 8 月 13 日付）

滋賀県庁の「お盆一斉休みは」は一九七九年八月に実施された。省エネ推進を掲げているが、役所の集中休暇導入は全国に例がない。パスポート交付など一部窓口業務を除いて〝休業〟状態になった。この思い切った初の試みに、自治省は事実上の「閉庁方式」で、法令(太政官布告)に抵触し、住民サービスの低下を招くと、しぶい顔だった。そんなお上の意向に、県民の反応は「ええやないか。そう影響も出ないでしょう」

土に生きる県民運動

滋賀県は長い間、農業県でした。隣の都であった京都への食料品の供給県であったのです。多くは兼業農家になってきていたが、それでも面積のかなりは田圃や畑として農産物がつくられていたし、滋賀の風景としてもまさに田園風景のウェートは高かったですね。

本来、「農は国の基である」とも言われてきましたが、単純に打算や合理性にかまけてしまえば、滋賀県から農業は滅んでしまいかねないので、私はあらためて人間と土とのかかわりから、大小にかかわらず伝統ある農業を守るために「土に生きる県民運動」を呼びかけることにしました。

考えてみると戦後、県民の多くの生活は土から離れることであり、体や服装に土がつくことを忌み嫌ってきたように思います。土とのかかわりが人間の原点であり、生活の実感として土とのかかわりを忘れてしまうほど恐ろしいことはありません。

例えば、田圃のない家庭でも狭い庭の一角に野菜を植えて育てる、マンションでもベランダでささやかな鉢植えをするように呼びかけました。

この延長線上にスクール農園の発想も出てきました。すべての小中学校は、できれば校庭の一角で野菜を育ててほしいし、学校の近くでは、春の田植えや秋の刈り取りをすべての生徒に体験させようということになりました。幼いときから土に自然に親しむ習慣を身につけさせたいと考えたのです。スクール農園は、かなりスムーズに実施されていったように思っています。

「土に生きる県民運動」は武村知事が一九七八年に提唱した。自然を「土」に代表させ、その土に親しみ、触れ合うことを通じて、やすらぎや思いやりの心を育て、地域ぐるみの農林水産業を支援し、働くことの尊さを学ぶことを目標にした。各地にスクール農園や子供会農園、手づくり農園、「近江の味　手づくり教室」などの開設・助成。マキノ町（現高島市）には一九八二年、「土に学ぶ里」を全面オープンさせた。自然観察園、学習農園、野外活動広場、研修センター、農業博物館、民宿村、サイクリングロードなど備え、運動の拠点となった。

無投票再選とオール与党

私の知事一期目の選挙（一九七四年）は大激戦でしたが、二期目（一九七八年）と三期目（一九八二年）は無投票で当選させていただきました。あっけない選挙でした。無投票再選はめったにないことです。鳥取県の片山善治知事が一度経験されたくらいで、二度無投票は私が初めてで、あとに例はありません。

この背景には、県民の知事支持率があります。県庁に落下傘のように降り立って、またたく間に職員の心をつかみ、一〇〇万県民の支持率もたえず七五％（一九八〇年六月、読売新聞調査）から八〇％を超えていた。それに重要な問題として県議会がオール与党という政治の仕組みがあります。一期目は少数与党が結集して野党の自民党と対立するかたちで始まりましたが、自民党が与党になって、かたちのうえではオール与党体制が構築されました。私はこの体制、受け皿を大事にしました。最後の最後、共産党が離れましたが、武村県政はほぼオール与党体制で終始させてもらいました。

武村知事が二期目に向かう知事選は一九七八年一〇月一八日告示されたが、立候補者は保革全七党の推薦を受けた現職の武村氏一人だけ。一九日、投票日を待たずに無投票で再選を果たした。

保革激突の一九七四年知事選で初当選した武村氏は一党一派に偏しない「県民党」を標榜して武村県政を運営した。七八年選挙では当初、「独自候補の擁立」を論議していた自民党が九月中旬に「武村推薦」の相乗りに方針転換。先に推薦を決めていた社会、民社、共産、公明、新自由ク、社民連の保守から中道、革新まで全七党が支持する知事選では初の支持パターンが出現した。再選確定後、武村知事は記者会見し「草の根県政の芽を育てていきたい」と抱負を述べた。

武村知事が三選を果たした一九八二年一〇月二〇日の知事選でも武村氏のほかに立候補はなく、

無投票になった。二期連続の無投票当選は全国の知事選では初めて。武村氏は前回同様、保守、中道、革新の七政党推薦を受けながらも、新たに各種団体などによる選挙母体「草の根県民連合」をつくり、政党抜きの選挙態勢を組みたてたのが特徴。再び不戦勝で、滋賀県初の「三選知事」となった。

このオール与党体制は大変矛盾の多い政治の姿ではないかとの批判があります。そもそもオール与党とは何か。敵も味方も、右も左も一緒にした、そんな政治はあり得るのかといった批判もありました。それはその通りです。ただ、私は振り返って考えますと、オール与党はオール野党だったように思います。どこかの党と心中するような一体的な関係はない。みんな等距離で付かず離れずの関係です。何か知事に不利なことがある時、全部野党になって向かってくるような雰囲気でした。その意味では、知事側はオール与党体制下、常に緊張し、四方八方に気を使っていた状況でしたね。

与党と野党が過半数をめぐってしのぎを削る政治は、ほんとうにいい仕組みなのか。二大政党政治もそうですね。与野党政治でも五分五分の勢力が二つに分かれ、五割を超えた政党が与党として政権を担い、野党は批判に終始する。そんな県政を多く見てきています。そこでは与党勢力は知事・執行部と一体化してしまって、何の緊迫した関係もありません。野党は野党で反対を唱えるだけ。かつての国政もそうでしたが、与野党の健全な姿とは、とても言えません。

もちろんオール与党体制がいいとは言いませんが、私の場合、意外に緊張させられましたし、いつ野党に転じるのかという不安もつきまとっていました。地方自治体の選挙は議会と首長を県民が直接選ぶ仕組みを取り入れているので、本来、この二つは結託しない方がいい。いつも一定の距離を保って緊張、緊迫している。それを期待して憲法、地方自治法は「大統領システム」を導入したのではないかと思います。その意味では、すべての政党が与党でもない、野党でもない、知事に対しは是々非々主義が健全ではないかと思いますね。

やんちゃな男

武村県政を総括しますと、私が首長として一二年間担当してきましたので、やはり最大の特色は、私の人物、個性にありますね。私がどういう人間であったのかと言いますと、よくも悪くも、私の性格は、やんちゃな男と言えるかもしれません。きれいな言葉ではチャレンジ精神、冒険心ということになります。言葉をかえれば度胸になる。賭けて勝負するというやんちゃさですね。マイナス面もありますが、私のキャラクター、性格と言えます。温厚で無理をしないというタイプではありません。自分のことは自分で判断し、決める。私の人生観でもあります。こんな性格の人間、やんちゃな男が知事であり続けた。これが一つ。

二つ目は、人間好きというところがあります。だからこそ選挙を戦えたし、そのあと県政を担当し、さまざまな人間関係の渦の中に立ち続けてきましたが、割合、人間好きというか、人間関係をわずらわしく思わない。人の喜怒哀楽にぶつかっていくことに抵抗を感じない。そんな性質の男です。小沢一郎さんは長く政治を続けていますが、どちらかと言えば政治家向きではない、社交的ではない人のように思えます。私は社交的とは思いませんが、人と接触し、議論することはいとわないタイプです。ですから、どこへでもどんどん出て行く。庁内の各課にひょっこり顔も出します、いつも顔を合わさない運転手さんと知事公舎で朝食をとりながら話もしました。

三つ目は、後藤田正晴さんに『情と理』という著書があります。自分で言うのも変ですが、私は後藤田さんに倣って格好よく言えば「情と知」のバランスがそこそこ取れている人間だと思います。この兼ね合いが大事で、自分なりに考えて、四方八方気くばりをして行動してきた人間です。

美しい日本を提言する

一九八三年ころでしたか、毎年一回、総理大臣主催の全国知事会が開かれました。その席で私は「美しい日本への提言」として一〇分余り発言をしたことがありました。

「戦後半世紀を経って、私たちのつくってきた日本は、美しいものを次から次へと壊してきたのではないか。科学技術に裏打ちされた経済は発展した。生活もすばらしく豊かになった。しかし、私たちは大切なものをどんどん失ってきたのではないか。大都市も地方都市も農村の田園風景ですら雑然とした、美しくない混沌をつくってしまったのではないか」

「かつての日本の町はそれなりに美しかった。城下町も門前町も一つひとつの農村の集落でさえ調和が保たれていた。例えば瓦葺きの屋根と白い壁、どの町にも水が流れていた。今の日本は、道路と言えば電信柱とガードレールとさまざまな看板であふれている。農村は森や畦畔木が切り倒され、コンクリートの用排水路に変わってしまった。山は間伐が行われないで、荒れに荒れている」

「私たちは、経済的な合理性や機能だけを追い求め、何と殺風景な国をつくってしまったことか。伝統を守る。自然と調和させる。もう一度、各地方の個性の生かされた美しい日本の創造に力を尽くそうではありませんか」

知事会が終わって昼食の立食パーティーになりました。中曽根康弘総理は私に「大変いい意見を言ってくれました」と言ってくださいました。竹下登大蔵大臣は得意の川柳のような一句を添えて「あなたの発言はこたえたよ」と言われ、うれしかったですね。

武村知事は一九八五年六月、知事を辞職して衆院選滋賀全県区(定数五)に出馬、トップ当選した。武村氏の国政転出で一九七四年一二月以来、三期一一年半にわたる武村県政は幕を閉じた。

●あの頃、あの時

「優勝目指さず」が一転「がんばろう」で燃ゆ

前川尚美（元滋賀県副知事）

国民体育大会は、県民が心を一つにして連帯意識を強める意義あるイベントだと思っていました。多くの県では誘致した直後から優勝を目指して有力選手を教育現場などに採用し、力をつけさせていました。ところが、滋賀県では武村知事が別の考えを持っておられて、「私は優勝を目指しません」と、市町村長の会合や競技団体幹部の集まりの中で公言される。一瞬、会場はざわめくのですが、私は、これは一つの哲学だな、と思いましたね。

優勝を目指した県は国体後には財政負担に苦しむわけです。それが見え見えでしたから、財政的には一つの選択肢です。ただ心配なのは、それを県民がどう受け止めて、心を一つにつなぐ国体の意義を達成させることができるかということでした。

滋賀県の場合、それは杞憂に終わりました。「優勝を目指さない」といいながらも、選手強化にカネを使うことはしませんでしたが、別のかたちで、つまり市町村の希望に添って県内各地で国体の競技を行うようにし、そのための施設整備に必要な補助をしました。これで市町村に体育施設が整備され、そこが活動の拠点になるなど後々生きていきましたね。

そして開催の前になって知事は、また一つ宣言するんですよ。「今まで優勝を目指さないと言ってきたけど、ここまで来たらみんなでがんばろう」と。選手強化は間に合わないけれど、この「がんばろう」で燃えたんです。ここまで一生懸命やって来て、もう一つ突き抜けるためにはリーダーの決意表明が必要だったのです。ちょうどいいタイミングで言われたので、一気に火がつき、体育、スポーツに参加したことのない県民までが、国体を一生懸命考えるようになった。これは大変よかったですね。

早い段階で「優勝を目指さない」と言ったが、それで各競技団体は「ならば、しょうがない」と腰が折れたのではなく、「ならば、やってやろうじゃないか」という気持ちになったと、私は見ています。選手強化の名のもとに、カネで選手を連れてきたわけでもなければ、特定の選手だけを養成したわけでもない。広くまんべんなく選手を育て、底上げしてきた。そのために各競技団体も市町村もほんとうに努力したんですね。それが最後に花開き、結果として史上最高点での天皇杯につながったのでしょう。

実はびわこ国体は節約国体でもあったんです。県は主会場など大きな施設を新設しませんでしたし、国体の前座として開催が不文律とまでいわれた全国高校総体も、極力経費の節減に努め、カネのかかる話はすべてお断りしました。

その一方で、選手の湖上輸送などで滋賀県らしさを出しました。民泊のおもてなしは、総体でも国体でもすばらしかった。選手が十分な試合ができるよう、わが子のように気を配ってね。誰が号令をかけたわけでもなく、みんな自前で、自然にそういう動きに高まっていきました。自分たちで自分たちの町をよくする「せっけん運動」にも通じていますね。

びわこ国体を境に、滋賀県は大きく変わりましたし、他府県の人々が滋賀県を見る目を変えましたね。「滋賀県はふだん目立たないけど、やる時にはやる県だね」との声も聞きました。国体の開催は、滋賀県の名をあらためて全国に広めた、県のよさを若い人たちが実感して帰ってくれた。その意味で私は滋賀県を日本全体に発信するすばらしい効果があったと思っています。

あるものを磨き、ないものを補う

上原恵美（元滋賀県立芸術劇場びわ湖ホール館長、
現京都橘大学教授）

一九七九年四月の異動で、武村知事から「文化をやれ」と言われて、一度お断りしたんです。私は労働省（現厚生労働省）出身で、額に汗して働くことこそ価値を生むという労働価値説の人間ですからね。それに当時、観光物産課長をしていて、すごく面白く、やることがいっぱいあったのです。ところが、七月のイレギュラーな異動で文化振興課長になりました。

文化振興課は武村さんが知事になってから県教委につくられた部署で、それまでの課長二人は、いずれも自治省出身です。文化振興課長によそ者を当てている。これがミソですね。よそ者は当然、比較の視点を持っています。少なくとも今まで暮らしていた所と滋賀との文化の違いは分かる。県の形を外から見て理解することもできる。どっぷりと浸かっていると、自分の文化はなかなか分かりにくい。その意味で違った視点からの文化行政を期待されたのでしょう。

武村さんが掲げる「県政に文化の屋根を」というのは、「県行政のすべての分野に文化の屋根をかける」、つまり橋をつくるにしても、建物をつくるにしても、文化の視点を取り入れる。当時いわれていた行政の文化化です。「草の根県政」ともよく似ていて、市民、県民の中のいい発想、いろんな考えを吸収して県政に生かしていくという「県政の文化化」の文脈にあります。

そこで、この「文化の屋根事業」を進めるために、「湖と文化の懇話会」を引き継ぐかたちで「文化の屋根委員会」を設けました。座長をお願いした梅棹忠夫さん（当時、国立民族学博物館館長）に相談しながら委員会のメンバーを決めました。討議も国民休養県構想をテーマに進めることを提案され、司会もつとめていただきました。実質「梅棹委員会」といった感じでした。

前身の懇話会をふくめて委員会の提言はかなりの打率で実現しています。県文化賞の創設もそうですし、琵琶湖に関する研究所も吉良竜夫先生の琵琶湖研究所として具体化されました。県が公共建築物をつくる際、工事費の一％を上積みして地域の風景にマッチした建物にする「美しいまちづくり１％事業」や、「美しいまちづくりアイデアコンクール」なども実施されましたね。

文化の屋根委員会は一九八〇年一月から八六年三月まで計一一回の会合を重ねました。武村知事は必ず出席され、ずっと聞いておられました。委員会は毎回、会場を変えて開くのですが、知事からは場所選びについて、どこでやるのか。○○でやったらどうか。終わった後の食事、おもてなしはどうするのか。お弁当の中身についても滋賀県らしいものか、梅棹先生を迎えに行き、お送りするのは誰か。車の配車まで聞かれました。私がお迎え係で、知事専用車でうかがうことも説明しました。私としては車の中で梅棹先生を独り占めして質問できるという貴重な時間でした。

ただ当時は、知事はなぜそこまで言うのかと思いました。後になって考えれば、それだけ先生方を大切にされていたということですね。人に教えを請うということは、こういうことだと勉強させていただきました。

武村さんが知事になられたころ、滋賀県には大学はない、ホテルはない、レストランもなく、公立文化施設はほとんどなかった。古い文化はたくさんあるのですが、都市的文化装置はほとんどありませんでした。私は武村さんの県政を見ていて思ったのは、あるものを磨き、ないものを補っていくのが地域づくりだなということです。琵琶湖ならば富栄養化防止条例などで磨く。私の仕事はないものを補っていくという文化の分野でした。文化芸術会館を順番につくり、図書館、美術館、博物館、びわ湖ホールなどを整備して行ったのです。文化幹線計画で書かれていることを一つずつやっていったという感じですね。

武村さんは滋賀県を完全に変えました。今のような滋賀になったのは武村さんのおかげですね。大学も誘致しなければきてくれません。プリンスホテルも武村さんが西武の堤義明さんに直接頼んで誘致されたと聞きました。

「本を読むのは先生と坊さんだけ」と言われて

前川恒雄（元滋賀県立図書館長）

滋賀県立図書館が一九八〇年七月、文化ゾーンに開館しましたが、その春ごろ、滋賀県教委の課長クラスの方が日野市役所（東京都）にみえて「県立図書館の館長に就任してほしい」と。私は日野市立図書館長を務めた経験から市町村図書館の仕事は承知していますが、県立図書館の役割は何なのか分からない。それに家庭の事情もあり、「行ける状況でない」とお断りしました。代わって滋賀県の人事課長が給与表を持ってこられ、待遇の説明など受けましたが、行く気がなかったので、よく覚えていません。

そうしたら今度は滋賀県の前川尚美副知事が日野市長に要請されました。市長は「そんな話聞けるか」と拒否し、副知事とけんかになったそうです。それでも「きてくれ」と前川副知事から電話をいただき、「そこまで言われて行かないわけにはいかない」と決心しました。武村知事から「三顧の礼で迎えた」と言っていただきましたが、最後に、日野の館長だった時、東京都にしてほしくて、してもらえなかったことをしようと思って、滋賀へ行きました。

ある日、立ち寄った草津の本屋さん。そこの主人が言うのです。「前川さん、よくこんな所にきましたね。滋賀県の人間は本なんか読まんですよ」。滋賀県にやってきた当時、県全体の図書館レベルは確かに全国で最低の水準でした。県内に図書館は四館しかない。人口一人当たりの図書貸し出し数とか図書費総額など、どの指標をとっても全国最低水準でしたね。図書費が少ないと利用も少ない。図書館にはそんな相関関係があるのです。

文化振興課長の上原恵美さんが中心になって県図書館振興計画がつくられました。その中身づくりに私も加わりまして、市町村レベルの図書館を整備する際、補助金を出す条件を高くしました。図書購入費は一定の水準の本を買う、図書館建設費は一定の面積以上、館長は司書の資格を有する—といった条件を満たしたところだけ助成することにしました。バラマキでは役に立たない図書館ばかりになってしまう。「自分の町にもいい図書館をつくろう」という気運を広げる狙いでした。

県内の市町村長さんに「図書館をつくってほしい」と、お願いにも回りました。でも、どこも返事は決まっていて「本を読むのは坊さんと学校の先生だけ」、「つくっても誰も来ない」、「公民館の図書室は開店休業状態だ」でした。しかし、八日市市や湖東町など次々に立派な図書館をつくられました。八日市では「誰が利用する。閑古鳥が鳴く」と陰口をたたかれましたが、そんな心配は吹っ飛びました。湖東町では町長もびっくりするほど利用者が訪れました。館長は他府県からのスカウトすることに協力しました。今でも滋賀県は東京を抜いて「日本一の図書館県」です。

県立図書館では、開館二年目に貧弱な図書購入費の増額を知事に直訴しました。「県民が借りたいという本がない。こんな思いするのは私の代で終わらせてほしい」と。冊数を増やすため文庫など安い本ばかり買っていて、いい本、古い本がない。フランス革命の本は一冊もない。大江健三郎の著書もなかったですよ。知事はバーンと予算をつけてくれました。あれは助かりました。それで子どもに関する本は全部買うことができましたね。

もう一つ。県立図書館では全国に先がけてコンピュータシステムを導入し、検索・貸し出しなどのシステム化を図りました。武村知事に「現在のカードによる分類目録、書名目録では、『武村正義』で知事の著作は検索できません」と訴え、認めてもらいました。導入後、他府県からの見学者が絶えず、応対でまいりましたね。

こんな思い出もあります。開館して間もないころ、本を置くスペースを確保するために学生の勉強場所になっている閲覧机を少し減らしました。事情を説明すると、武村知事は「わかった」と言ってくれましたが、こんな話をされました。「俺はなあ、図書館で本を読むのが好きなんや。東大の図書館には『武村の席』があったんや」と。知事は図書館がお好きだったんですね。

こんなこともありました。武村知事から「知事として読んでおいたらいい本を毎月三冊言ってくれ」と頼まれました。これには困りました。三冊推薦するのに三冊だけ読めばいいわけではない。大変でした。それに推薦する本や著者を通して私の考え方も知事に分かりますしね。知事室にうかがうと、机の上に推薦した本がちゃんと置いてあって、「読んでいらっしゃいますか」と聞くと、「いやー、全部は読めないけど、表紙をみるだけでも勉強だよ」と、知事はおっしゃっていました。忘れられない思い出です。

解説

時代が求めた新知事

武村正義(四〇)が全国最年少知事となった一九七四年一一月の滋賀県知事選は、保革激突の県知事選史に残る壮絶な戦いだった。

八日市市長だった武村は社会、共産、公明、民社の野党四党と労働四団体にかつがれて出馬。三選を目指した現職の野崎欣一郎(五五)には、自民党と県内各種団体のほとんどがついた。わずか八三〇〇票差の大接戦。湖国を真っ二つに割った知事選は、武村が述懐するように、「体制」対「反体制」の典型的な「権力の争奪戦」といえよう。

当時、滋賀県は近畿圏でも保守地盤の厚い土地柄だ。国会は自民党が衆院(定数五)で四人、参院(定数二)では独占、歴代の公選知事も野崎を含め四人全員が自民党かその前身の保守系政党の支持を得ていた。そんな政治土壌の中で、全国八番目の「革新知事」の誕生である。

勝因はさまざま考えられた。労働四団体の結束が何より大きい。労働四団体は一九八〇年代後半、労働戦線統一で生まれたナショナルセンター・連合(八七年一一月)のさきがけとなる組織で、総評滋賀地評、滋賀同盟、滋賀中立労協、新産別滋賀地協による滋賀版「連合」である。対立しがちな政党間のニカワ役となって革新陣営を引っ張り、選挙の最前線に立った。

武村の地元・八日市の〝握り飯選挙〟の役割も見逃せない。地縁血縁を頼って八日市から湖東、そして全県に火をつけ、武村戦線を広げていった。この二つの歯車が回転し、県内いたるところで保革の総力戦が繰り広げられたのだ。

だが、選挙戦の様相は少し違ってもみえた。武村は全野党・労働四団体共闘の原則である「反自民、反野崎、革新県政樹立」を掲げながらも、「反自民」、「革新県政」を声高に叫んでいたわけではない。政策や県政運営面についても琵琶湖総合開発の見直しや県政と特定業者との癒着、選挙後、大事件に発展する県土地開発公社問題などは明確なかたちで争点化されていたとはいえない。

折しも第一次石油ショック（一九七三年一〇月）が日本経済を直撃。高度経済成長は一気に失速し始め、深刻な不況に陥っていた。公害、環境汚染はどんどん進み、天井知らずのインフレで国民の生活不安も広がっていた。高度成長の終焉である。「日本列島改造」を引っさげて登場した首相・田中角栄は急速に支持率を落とし、自らの「金脈問題」も絡んで窮地に陥る。来日していたフォード米大統領の離日をまって退陣を表明（一一月二六日）した。

県知事選は、田中政権が大揺れの中で行われた。「武村当選」を伝える新聞各紙は翌一一月一八日付で、武村の勝因を分析。この中で「武村氏のフレッシュなイメージが、金脈問題などで極度の政治不信となっている有権者の意識と一致、相乗効果を生んだ」、「物価高や不況の中で、有権者の間に次第に高まっていた現体制への不信感と相まって…革新知事を誕生させた」、「琵琶湖汚染という県民の不安がインフレ、核持ち込み、金脈問題など自民党政治への不信と重なり…」などと書いた。

時代の歯車は確実に回り始めていた。国民も県民も日本の政治・経済の先行きに不安を抱き始めていたのだ。そんな中での県知事選に武村が登場した。ソフトな語り口に温和な風貌。「琵琶湖はよどんでいる。県政もよどんでいる」、「琵琶湖の水をきれいにし、県政に県民の血を通わせる」と訴える武村の姿に、官僚出身にありがちな「冷たさ」、「お上の目線」はみじんも感じられず、新鮮なイメージを広げた。閉塞した時代の真った中で、県民は新しい人材を求めた。県庁職員が閉じた「窓」を県民が開け放ち、「新しい風」を招き入れたのである。

一九六〇年代後半から全国の都市部を中心にした革新自治体の大きなうねりは、七四年夏の香川県知事選、秋の滋賀県知事選、そして翌七五年春の神奈川県知事選をピークに急速に退潮期に入っていった。

知事の座に就いた武村はことさら「革新自治体」を叫ぶことなく、一党一派に偏らない「県民党」、そして「草の根県政」を掲げ、「自治体の革新」に邁進した。中央も地方も知る実務にたけた自治官僚としての行政手腕と斬新な政策の展開、それにたぐいまれな政治力、行動力で、県政に「新しい風」を送り込んでいったのである。

武村県政を誕生させた一九七四年知事選は、滋賀県が装いを変えて離陸し、全国に情報発信する歴史的な転換点となった。

地方行財政改革のさきがけに

第一期武村県政には大きな壁が立ちはだかった。空前の財政危機と県土地開発公社問題である。いずれも前県政が残した負の遺産だ。武村はこの後始末からスタートしなければならなかった。

武村が初登庁したとき、県財政は深刻な事態にあった。県人事委員会勧告に伴う職員給与改定の補正予算を組んでも、その財源がなかった。そのうち県庁の金庫は底をついてしまったのだ。

あれほど潤沢だった県の台所が、どうして〝火の車〟になったのか。全国の自治体はどこも石油ショックによる法人税収の激減と、インフレによる人件費など義務的経費の増加というダブルパンチに襲われていた。そこへ滋賀県には知事選がやってくる。前県政は「野崎知事が三選すれば『なんとかなる』、『なんとかする』と、ありガネを全部使ってしまった」。選挙目当てにだ。

初めて手がける県の一九七五年度予算編成。六五歳以上の老人医療費無料化など七九項目の公約をひっさげて登場した武村だが、公約は全部凍結。財政の非常事態宣言を発し、財政戦争の指揮官に変身した。政治的に上乗せする知事査定どころではない。財政課長、総務部長が査定した予算を削りに削った。

削減の中身は、公平を基本に聖域を設けず、公共事業も団体補助金なども一律に削った。琵琶湖総合開発事業さえ圧縮した。県主催行事は軒並み中止する荒治療の末に、できあがった予算案。それはインフレによる義務的経費増を除けば実質「ゼロ成長」だった。

それでも財政の悪化は止まらない。財政再建団体への転落回避に向けて、骨まで削る戦いは続いた。全国にさきがけて全事務事業の総点検に着手した。今日でいう事業仕分けである。人件費は知事や管理職の賃金カットにとどまらず、職員給与の実質二号棒ダウンに踏み切った。歳入面でも使用料・手数料の値上げ（一〇二項目）、ゴルフ利用税の創設、法人県民税の超過課税など新たな財源確保にも手をのばした。

職員の意識改革の一環として、大津市の西教寺に部・次長クラスの幹部職員を集め、座禅を組んだりもした。高度成長の終焉を境に、全国の自治体が財政ピンチに陥る中、武村が進めた全事務事業の見直しは、全国自治体の目にとまり、新たな行財政改革のモデルになった。職員給与の引き下げに追随した自治体も数多く出た。

武村の歳出抑制を柱にした財政再建策は、県議会（定数四三）で圧倒的多数を占める野党・自民党（三二議席）の激しい、執拗な抵抗に直面した。立ち往生もしばしばだったが、ひるむことなく押し進められた。その結果、財政事情は一九七七年度になってようやく〝積極予算〟を組むまでに好転したのだった。

東京都の美濃部亮吉知事に代表される全国の革新自治体が、地方財政対策をめぐって政府との対立を強める中で、足元の行財政改革を優先した武村の県政運営は、二期目以降の武村県政を彩る源になった。武村が衆院に転じて、村山富市内閣の大蔵大臣に就いたとき、財政規律の回復を唱えた原点は、この滋賀県財政の立て直しに見出すこともできる。

東京・目白の田中邸が舞台

前県政が残した県土地開発公社問題も難題だった。

知事就任後、地元の上田建設グループによる県土地開発公社を舞台にした土地転がしの実態が明るみに出た。以来、全面解決に至るまでの三年半、公社問題は県民の最大の関心事となり、終始、県政の屋台骨を揺さぶる震源地となった。武村の手足を縛ったのはいうまでもない。武村自身、前県政を支えた自民党の激しい攻撃にさらされ続けた。

問題の契約は、上田建設グループ、飛島建設など六社を相手に結んだ六物件だ。一九七三年一一月から七四年一〇月までの一年足らずに、公社が買い取った土地は全部で一〇〇万坪（三〇〇万平方メートル）、契約金額四四七億円（支払い済み額約八四億円）。これら土地は土地転がしにより、鑑定価格の二〜五倍の超高値買い。そのうえ市街化調整区域や保安林指定がかかるなど開発が困難な山林が大半だった。

武村はすばやく動いた。ただちに諮問機関として公社対策委員会を設置して、実態解明に乗り出した。同委は五月、契約の不当性を厳しく指摘し、不合理な土地交換契約を含めて、「契約解除か改定」を答申した。武村は「県民が納得でき、損害を残さない一括解決」を基本姿勢に、〝和戦両様〟の構えで解決の道を探り続けた。

公社問題は背任事件に発展、解決は「長い困難な道のり」（武村）となった。武村自ら当事者や関係者との折衝の先頭に立った。ときには、ひとりで〝黒幕的な存在〟に会ったりもした。一九七八年初めに上田茂男・上田建設社長（当時）とも二人きりの会談を持った。大胆な行動である。相手は公社事件で公判中の被告である。先が見えない状況の中で、〝危ない橋〟を渡ることにためらいはなかった。

公社問題の原因は、前県政と特定業者との癒着にあった。県民は県政に巣食う土建政治の体質に厳しい目を向け続けている。金権、利権で「よどんだ県政」を一掃しなければ、県民の信頼を取り戻せない。もし失敗すれば県民の血税が業者のふところに入ってしまう。最後まで「戦」の立場を崩さない強い交渉姿勢を貫くなかで「和」の道を引き出す。それは武村の政治生命をかけた行動であった。話し合いによる全面解決は突然訪れた。七八年九月二八日夜だ。和解の骨子は▽土地売買契約の全面解除▽びわこニュータウン東部は民間開発▽その他の土地は鑑定価格を一八％下回る価格で県が買い取る（新契約）―内容。石油ショック前後の異常な土地ブームを背景に事件は起きた、この県政史上最大の不祥事は、県の主張に沿ってすべて清算された。武村は「県の基本方針を貫くことができたのは、県民の幅広いご支持のおかげ」と感慨を込めて振り返った。

今回のインタビューで、武村は和解の陰に元首相・田中角栄の存在を語った。当事者間の和解交渉が行き詰まる中で、自治官僚時代、自民党の「都市政策大綱」づくりに参画して知遇を得ていた元首相に和解の道を相談していたというのだ。全面解決した一九七八年九月の半年前だという。関係者の「証言」によれば、そのころ、上田建設も、飛島建設もそれぞれ元首相を訪ねていた。これまで、ほとんど明らかにされていなかった事実である。

期せずして関係三者が東京・目白の田中邸で、互いに交わることなく元首相とテーブルをはさんで向き合い、解決策を模索していた。膠着状態に陥っていた和解交渉を元首相の力をてこに動かそうとしていたのだ。

解決後、元首相は武村を評して、こう言っていたという。「日本の総理まで務めた私に『それでは県民は納得しない』『マスコミの評価に耐えられません』と一歩も引かない。彼はなかなかの政治家だ」と。政治家同士が対峙する中で、信念を曲げず、正論を押し通す愚直な政治家・武村の姿をここに見ることができる。

財政危機と土地開発公社問題のくびきから解き放たれた武村を取り巻く政治環境は一変した。自民党が知事野党から与党に転身。一九七八年一〇月の県知事選で、武村は自民党はじめ保革七政党の推薦を受け、無投票で再選をした。県知事選での無投票当選は県政史上初めてのことだった。

琵琶湖水政に新基軸

武村県政が大きく花開いたのは二期目からである。
柱は県政の要である水政—琵琶湖政策である。あの琵琶湖富栄養化防止条例（琵琶湖条例）の制定（一九八〇年七月一日施行）が、その代表例だ。わが国のみならず、世界でも例をみない富栄養化の元凶・窒素、リンを規制する条例で、しかも国民だれもが使っているリンを含む家庭用合成洗剤の使用、販売、贈答を禁止し、違反者には罰金刑を科す厳しさ。全国的には「洗剤追放条例」として注目のマトになった。

この琵琶湖条例制定に大きな力を与えたのは、粉せっけんの使用を進める県民運動である。行政がいくらリンを含む合成洗剤の使用禁止をうたっても、肝心の県民が粉せっけんを上手に使いこなせる状況にならなければ「絵に描いた餅」に終わってしまう。そこへ転機がやってきた。一九七七年五月、琵琶湖での大規模な赤潮の発生だ。県内に見られた合成洗剤への取り組みは「健康」から「環境」の問題に変化し、県民運動の輪はいっそう広がり、盛り上がりをみせたのだ。

県内各地で粉せっけん普及運動が日夜繰り広げられ、粉せっけん使用率はどんどん上がって行く。行政も運動を強力に後押しした。目の前の琵琶湖が「そこまで汚れている」ことに危機感を抱いた県民。その中から芽生えた「自治」を行政も一緒になって育んだ。そんな自治の発露が、条例化に慎重な姿勢の国や県議会、猛反対の日本石鹸洗剤工業会の抵抗を抑え込んだ。行政と県民運動が両輪となって条例化の道を切り開いたといえる。

武村のリーダーシップも大きい。武村は国内、海外の出張の際、時間を見つけては湖沼に足を運び、自分の目で見て回っていた。そして県庁の組織を動かし、五大湖を抱える米国ミシガン州のリン規制など国内外の実例を調べる。識者の知恵を借り、中央省庁の動向をもにらみながら政策づくりを主導したのだ。

武村は琵琶湖条例を「碧《あお》い琵琶湖を取り戻す中・長期的な第一歩」と位置づけ、新たに「琵琶湖環境保全対策」（ＡＢＣ〈Access the Blue and Clean〉作戦）を策定した。人間活動と琵琶湖とのかかわりについて環境教育や学際的な調査研究など幅広く探求する取り組みを本格化させた。琵琶湖研究所の創設や琵琶湖に浮かぶ学童向け学習船「湖《うみ》の子」を建造・就航させるなどユニークで多彩な事業を展開して行った。

一九八四年に大津市で開催した「世界湖沼環境会議」は、世界二八カ国・三国際機関の科学者、行政、市民が国境を超えて湖沼の水環境を討議・交流し、情報発信する唯一の国際会議となった。今も各国持ち回りで開催、国際的に高い評価を受けている。

このころ武村県政では、一九八一年度末で一〇年間の期限が切れる琵琶湖総合開発特別措置法の延長・改定問題が同時に進んでいた。この特別措置法は、琵琶湖を抱える滋賀県が下流、大阪・兵庫両府県の新たな水需要（毎秒四〇㌧）に応える代わりに、国、下流は下水道や道路、ダムなど県の地域整備事業に財政負担も含め協力する枠組みを盛り込んだ、わが国で初めての地域立法だ。

「開発から保全へ」を掲げて知事に就任した武村は、琵琶湖総合開発計画の改定に当たって、新たな財政負担に難色を示す大蔵省（現財務省）や下流府県との厳しい協議・交渉の末に、県の要請通り向こう一〇年の法延長と、新たな保全事業の追加を実現させた。新規事業には農業集落排水処理施設、畜産環境処理施設、ごみ処理施設、水質監視施設の整備を加えたほか、下水道、し尿処理で窒素・リンを除去する高次処理なども盛り込んだ。

琵琶湖条例は窒素、リンを規制する総合条例である。しかし、農畜産系の排水や家庭からの雑排水などの対策は、合成洗剤の使用・販売禁止という厳しさに比べれば、やや弱さも否めない。武村は琵琶湖総合開発計画の改定の中で、こうした分野の窒素・リン対策をきっちり補強したといえよう。

琵琶湖総合開発の見直しに関連して、将来にわたり琵琶湖の水環境を保全するための新たな行財政システムの確立も重要テーマだった。武村は改定交渉の中で、琵琶湖淀川水系の上中下流が府県のカベを超え、流域全体で水環境を守るための「琵琶湖淀川水質保全基金」構想を提唱した。水問題が「量」から「質」に移る時代に入り、新たな「水の質」に着目した費用負担の仕組みをつくるのが狙いだ。いわば流域自治の視点から「水の安全保障制度」の確立を目指すもので、水環境行政の新たな領域を国にも認知させたい願いが込められてもいた。

武村は、近畿ブロック知事会議で「琵琶湖淀川環境会議」の創設を提唱した。メンバーは上中下流の三重、滋賀、京都、大阪、兵庫、奈良の六府県知事と政令指定都市の京都、大阪、神戸の三市長で構成する。一九七六年一一月に開いた第一回会議は琵琶湖上での「船上サミット」となった。古来、水争いを繰り広げてきた上中下流が運命共同体として一つのテーブルにつく。年に一回、定期的に集まり、問題解決に向けて理解と協力を深め、広げる流域自治の試みに、他水系の自治体が熱い視線を送ったのはいうまでもない。「環境会議」は武村の琵琶湖政策を推進する舞台装置として大きな役割を担った。

武村の琵琶湖政策は、琵琶湖条例を太い幹にして枝葉を伸ばし、広げ、しっかりした大木に育てたということができる。水質保全基金構想は武村が思い描いた通りに進展しなかったが、その視点と発想は今日も色あせず、生き続けている。

自治の風

武村は二期目から「草の根県政」を本格的に掲げた。かつて「地方の時代」とは「量から質の時代。個性の時代」と語っていた。「量の時代は中央集権的で、能率的だ。地方に個性があり、バラエティーがあれば、能率は悪くなり、まとまらない。そのアンチテーゼとして出てきたのが地方の時代。地方に責任を与え、個性の花をそれぞれ咲かせようという主張だ」という。

そのポイントとして武村は「一番身近な〝自治の場〟に新しい光を与える。学区や町内会といったコミュニティーの草の根自治を支える法律や予算の仕組みを創設する。自分たちのことは自分たちでカネを出し、汗を流して、まちを良くしいくという自治の原点を制度として保障することだ」と力説し、実践した。

それが一九七七年から始めた「草の根ハウス」。住民の集まる場所がない地域で、自治会館や町内会館のような施設の建設に対して、県独自に補助する事業だ。県民はこの補助制度に飛びつき、県内のあちこちに「草の根ハウス」が建っていった。そのうち「草の根図書館」、「草の根広場」なども生まれた。「自治の広場」づくりが進んだのだ。

草の根県政のメーン行事になった「こんにちは知事です」。知事就任まもなく始めた。草の根ハウスなどを会場に集落の誰もが気軽に参加できるミニ集会だ。それまでよく見られた知事が住民や地域の代表の要望や苦情などを聞き、答えるといった会合ではない。武村と住民が車座になって語り合い、県政や地域の問題を考える「自治の集い」として人気を呼んだ。

県政上の重要な課題や時間のかかる政策や事業は、早くから方針や方向を示し、検討や準備を開始するのが武村流のやり方だ。

前県政の後始末でいばらの道を歩んだ武村だが、あすの滋賀県をどうするか。一〇年後、二〇年後のビジョンを描くことにも頭をめぐらせていた。一九七六年七月、梅棹忠夫（国立民族学博物館館長）ら関西を中心に日本を代表する知的リーダーをメンバーに「湖と文化の懇話会」を立ち上げ、新しい県づくりの論議を始めた。後に「文化の屋根委員会」に引き継がれ、県の将来ビジョン「国民休養県構想」に結実した。

当時、滋賀県は高度経済成長で工業県に脱皮していたが、近江米に代表される農業県のイメージも色濃く残していた。サービスなど第三次産業のウェートも低かった。国民休養県構想は、琵琶湖を中心に恵まれた自然と豊かな歴史・文化財といった滋賀の特性と人びとのサービスをほどよく組み合わせることによって、他府県に真似することのできない、きらりと光る「知的休養の場」を全国の人々に提供することを提言したものだ。新しい第三次産業の振興や地場産業の育成につなげる戦略でもあった。

武村は個性を生かし、文化の香り豊かな県づくりを果敢に進めた。矢継ぎ早に図書館や美術館、文化芸術会館、オペラハウスなど大型文化施設の建設へ動いた。琵琶湖研究所の創設に着手し、大学やホテルの誘致にも乗り出した。後に京都の龍谷大学や立命館大学などが進出した。全国最下位の水準にあった大学生数（人口一〇万人当たり）は、今日、京都、東京に次いでベスト3（文部科学省調査）だ。都市部には大津プリンスホテルなど大型ホテルも次々に立地した。

武村は西ドイツ（当時）留学の経験を生かし、自治に支えられた町並み景観づくりの取り組みを進めた。無秩序な姿をさらす琵琶湖畔の風景を整える「ふるさと滋賀の風景を守り育てる条例」（風景条例）も制定した。

一九八一年に開催した「びわこ国体」で県民の心を一つにし、自信と活力を導き出した武村は、翌八二年一〇月の知事選で、自民党から共産党まで保守・中道・革新七党すべての推薦を受け、全国で例のない二期連続無投票で三選を果たした。「三選知事」は県政史上初めてだったが、任期切れ間近の一九八五年夏、「『水の心』を国政につなげたい」と衆院議員に転じた。

湖国に「自治の風」を呼び、県の姿と位置をがらりと変えた知事在任一一年半だった。

（敬称略）

武村正義氏略伝

武村正義氏略伝

一九三四年（昭和九）	8月26日	滋賀県八日市市（現東近江市）に生まれる
一九四七年（昭和二二）	3月	八日市市立玉緒小学校卒業
一九五〇年（昭和二五）	3月	八日市市立玉園中学校卒業
一九五三年（昭和二八）	3月	滋賀県立八日市高校卒業
一九五八年（昭和三三）	3月	東京大学教育学部卒業
一九六〇年（昭和三五）	3月	東京大学新聞研究所修了
一九六二年（昭和三七）	3月	東京大学経済学部卒業
	4月	自治省（現総務省）入省
一九六四年（昭和三九）	9月	西ドイツ留学（ボン大学、ミュンスター大学― 一九六五年12月まで）
一九六七年（昭和四二）	11月	埼玉県文書学事課長
一九六九年（昭和四四）	5月	埼玉県地方課長
一九七〇年（昭和四五）	8月	自治大臣官房付兼大臣官房調査官
一九七一年（昭和四六）	4月	八日市市長選挙に出馬、当選
一九七四年（昭和四九）	11月	滋賀県知事選挙で初当選
	12月	第四三代滋賀県知事に就任
		県議会で県土地開発公社における上田建設グループが絡む「土地転がし」が表面化
一九七五年（昭和五〇）	1月	県財政非常事態宣言
	2月	県土地開発公社が土地保有状況など初めて公表。借入残高、未払金の負債総額約四六二億円

		一九七五年度一般会計の「超緊縮型予算」案編成
	3月	野党・自民党、一九七五年度一般会計予算案に猛反発、増額修正案可決
	5月	知事の諮問機関・県土地開発公社対策委員会が最終答申で「契約の解除か適正価格による契約の全面改定」を提言
	7月	「こんにちは知事です」スタート
	11月	県職員給与を実質的に「二号俸引き下げ」
一九七六年（昭和五一）	3月	近畿の市民らが琵琶湖総合開発による人工島や湖岸堤建設などの差し止めを求める民事訴訟（琵琶湖環境県訴訟）を大津地裁に起こす。
	4月	県教委に文化振興課設置（翌七七年文化部に格上げ）
	7月	「湖と文化の懇話会」発足
	10月	県が「県土地開発公社問題の概要」公表
	11月	第一回琵琶湖淀川環境会議開く
	12月	県文化賞第一回贈呈式
一九七七年（昭和五二）	4月	「草の根ハウス」補助制度始まる
	5月	琵琶湖で大規模な赤潮発生
一九七八年（昭和五三）	2月	県議会で「草の根県政」標榜
	4月	「土に生きる県民運動」スタート
	9月	県、県土地開発公社と上田建設グループ、飛島建設など六社との契約解除交渉合意
	10月	県知事選で武村氏再選（無投票）
一九七九年（昭和五四）	7月	県長期構想策定、「国民休養県構想」示す
	8月	県庁、全国官公庁初の「お盆休み」（13〜15日）実施

一九八〇年（昭和五五）	10月	県「琵琶湖の富栄養化の防止に関する条例」可決・成立
一九八一年（昭和五六）	1月	県「文化の屋根委員会」発足
	7月	県「琵琶湖富栄養化防止条例」施行
		県立図書館移転、開館
	9〜10月	第三六回国体「びわこ国体」開催
	12月	琵琶湖総合開発の湖岸堤道路（南湖東岸）建設で、湖中ルート案を陸上ルートに変更
一九八二年（昭和五七）	3月	琵琶湖総合開発を一〇年延長する琵琶湖総合開発特別措置法一部改正が国会で成立
	4月	琵琶湖研究所創設
	10月	県知事選で武村氏三選（無投票）
一九八三年（昭和五八）	9月	琵琶湖フローティングスクール「湖の子」就航
一九八四年（昭和五九）	4月	「湖国21世紀ビジョン」策定着手
	7月	「ふるさと滋賀の風景を守り育てる条例」（風景条例）可決・成立〈一九八五年7月施行〉
	8月	県立近代美術館開館
		大津市で「第一回世界湖沼環境会議」開催
一九八五年（昭和六〇）	6月	第一回びわ湖トライアスロン大会（彦根、長浜、坂田、東浅井、伊香各市郡）開催
一九八六年（昭和六一）	6月	武村氏、衆院選立候補のため知事辞任
	7月	衆院選（滋賀全県区）で初当選（自民党追加公認）
		地球環境議員連盟事務局長
一九八八年（昭和六三）	9月	ユートピア政治研究会結成、会長に就任
一九九〇年（平成二）	2月	衆院選で再選
	3月	自民党環境部会長

一九九一年（平成三）	3月	自民党政治改革本部事務局長
一九九三年（平成五）	6月	自民党離党
		新党さきがけ結成（代表に就任）
	7月	衆院選三選
	8月	細川護熙内閣発足、内閣官房長官に就任
一九九四年（平成六）	4月	内閣官房長官辞任表明
	6月	村山富市内閣発足、大蔵（現財務）大臣に就任
一九九五年（平成七）	8月	村山改造内閣発足、大蔵大臣に再任
一九九六年（平成八）	1月	大蔵大臣辞任表明
	8月	新党さきがけ代表辞任
	10月	衆院選で四選
一九九八年（平成一〇）	5月	さきがけ（党名変更）代表
一九九九年（平成一一）	2月	財政赤字を憂える会を結成、会長就任
	12月	日中友好沙漠緑化協会設立（会長に就任）
二〇〇〇年（平成一二）	2月	心筋梗塞でバイパス手術
	4月	腹部動脈瘤破裂で緊急手術
	6月	衆院選で落選
二〇〇二年（平成一四）	4月	龍谷大学客員教授
二〇〇四年（平成一六）	4月	徳島文理大学大学院教授
二〇〇七年（平成一九）	4月	麻布大学客員教授

【著者略歴】
関根英爾（せきね・えいじ）
1944年、京都市に生まれる
1969年、早稲田大学卒業、滋賀日日新聞を経て京都新聞記者。主に政治・行政を担当。東京支社編集部長、編集局次長・政経部長、企画事業局長、論説委員のほか、京都文教大学非常勤講師など務めた。
現在、ジャーナリストとして執筆、講演など行う。

武村正義《たけむらまさよし》の知事力《ちじりょく》

2013年7月1日　初版第1刷発行
2013年7月10日　初版第2刷発行

著　者　関根　英爾
発行者　岩根　順子
発行所　サンライズ出版株式会社
滋賀県彦根市鳥居本町655-1
〒522-0004　TEL.0749-22-0627
FAX.0749-23-7720
印刷・製本　シナノパブリッシングプレス

ISBN978-4-88325-511-5